DRIVE FAST
DON'T STOP

BOOK SIXTEEN
MEXICO CITY, MEXICO

MEXICO CITY

MEXICO CITY

MEXICO CITY

MEXICO CITY

MEXICO CITY

MEXICO CITY

DAD DE MÉX

DAD DE MÉXI

UDAD DE MÉXIC

CIUDAD DE MÉXICO

CIUDAD DE MÉXICO

CIUDAD DE MÉXICO

¡Hola!

¡Hola!

¡Hola!

¡Hola!

¡Hola!

¡Hola!

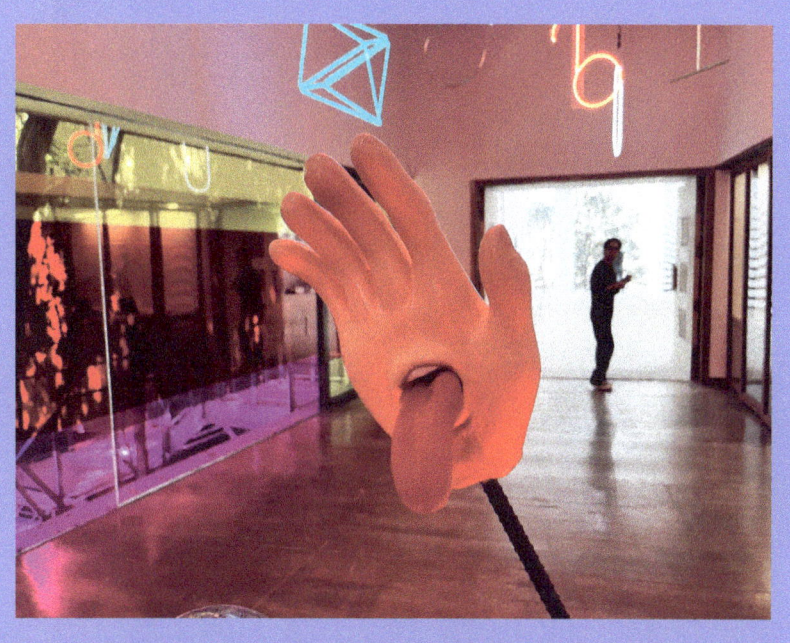

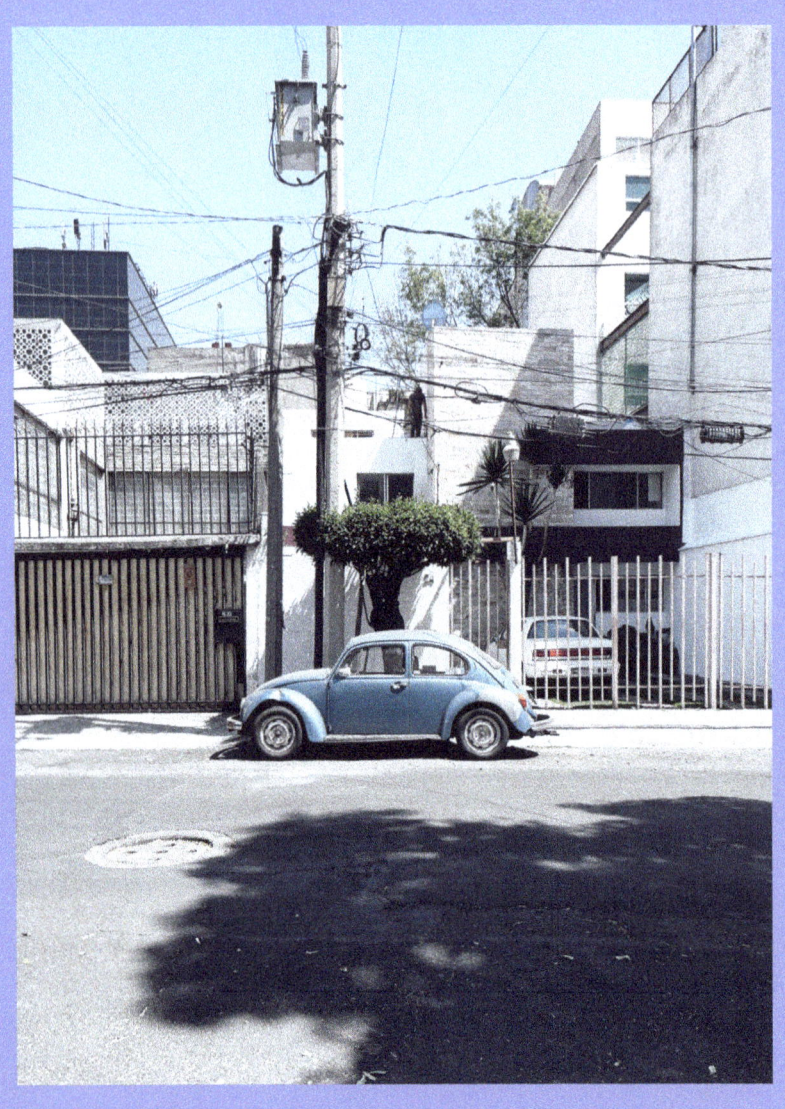

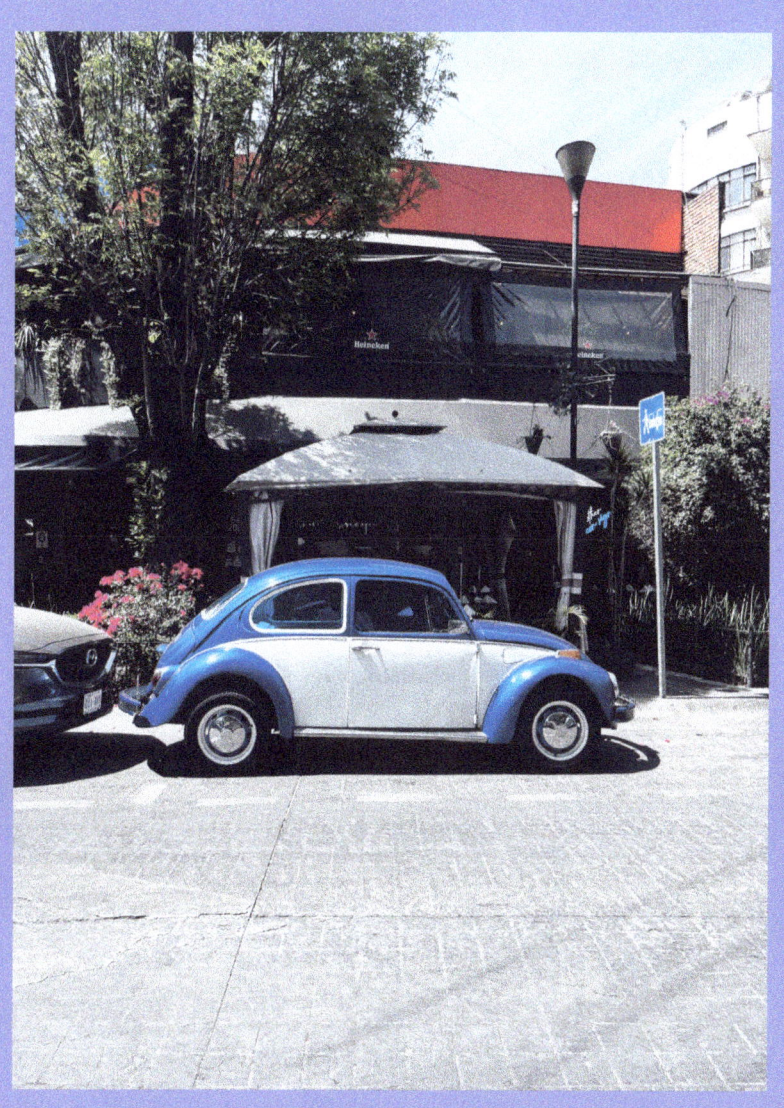

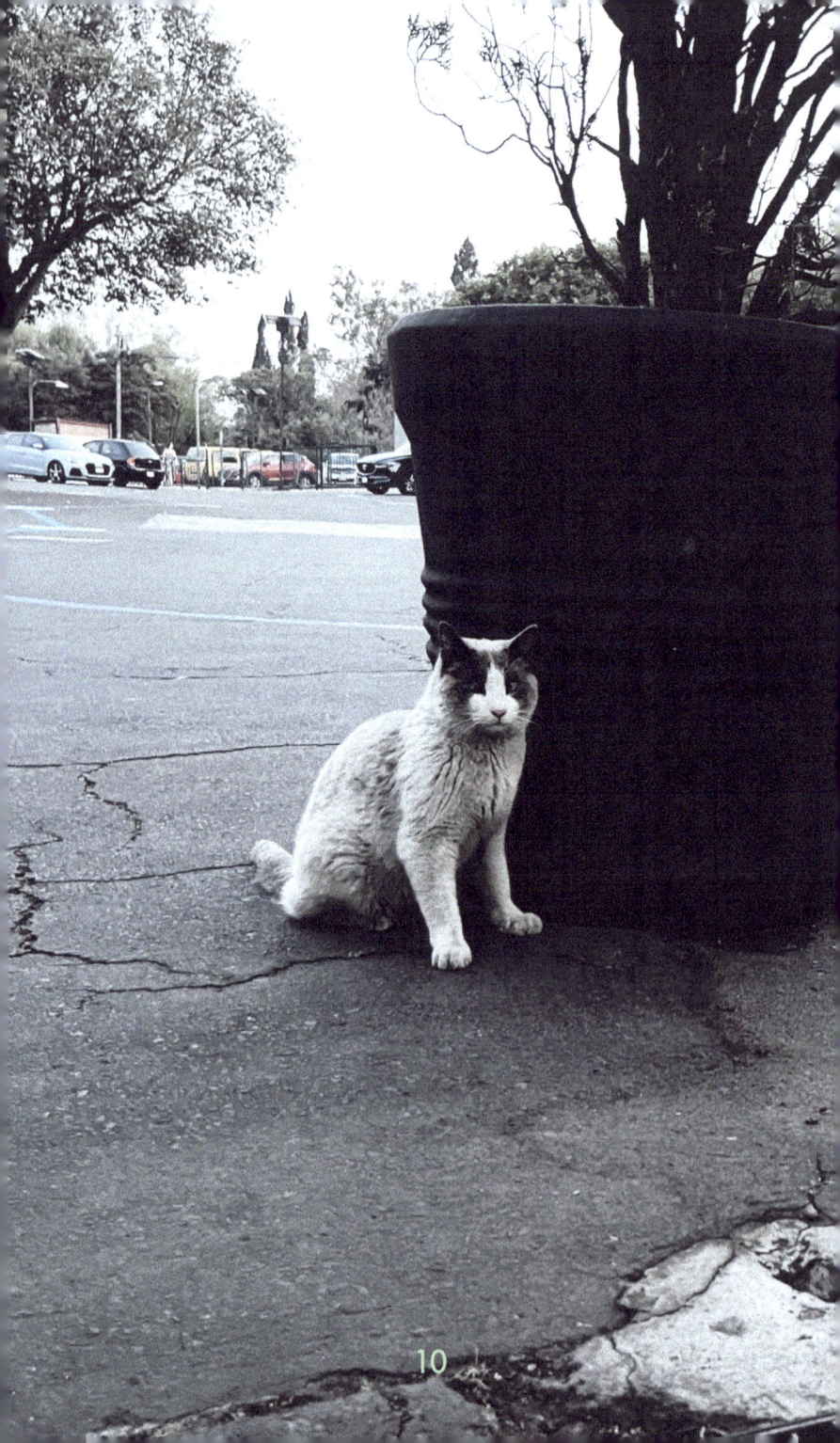

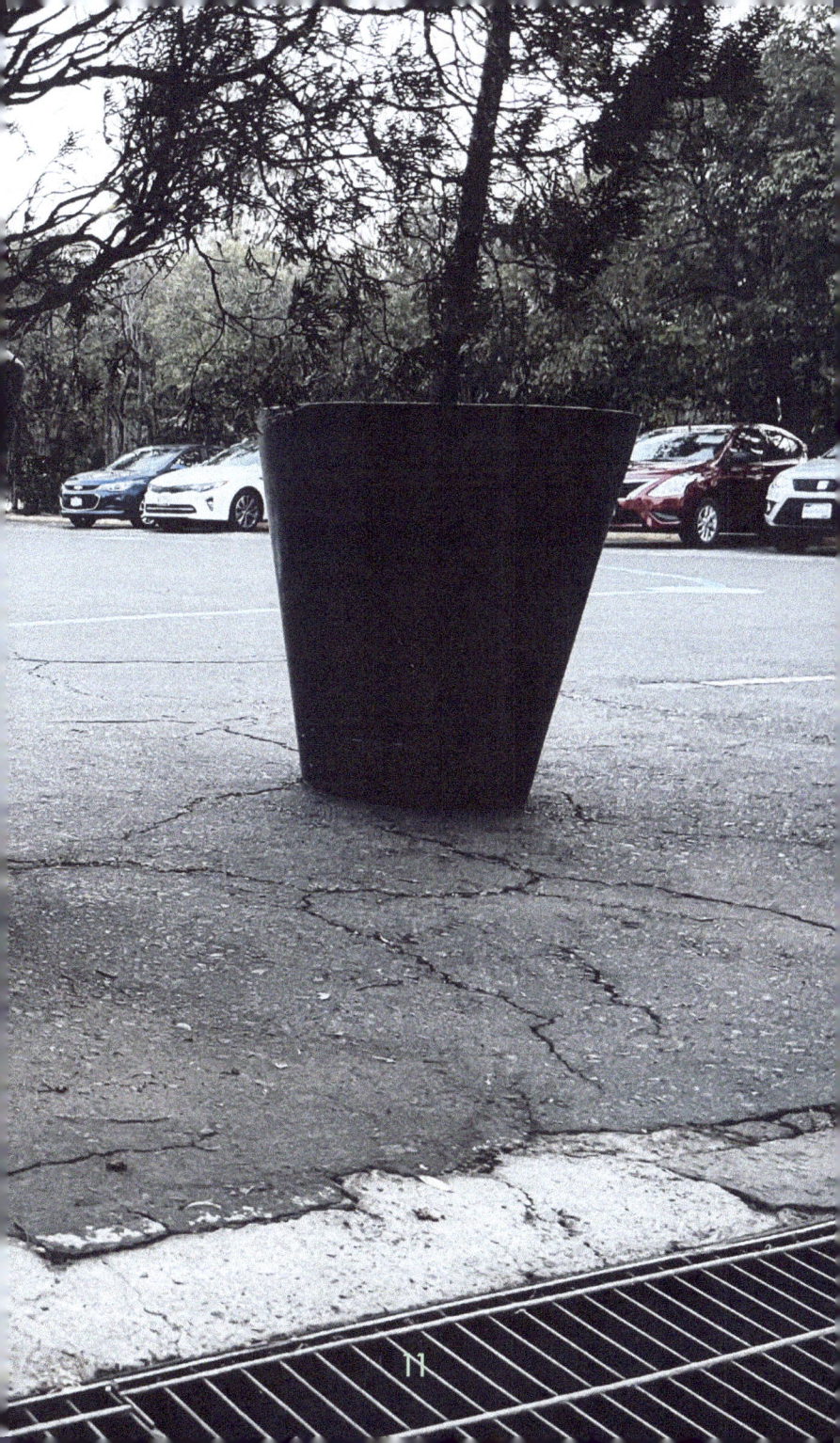

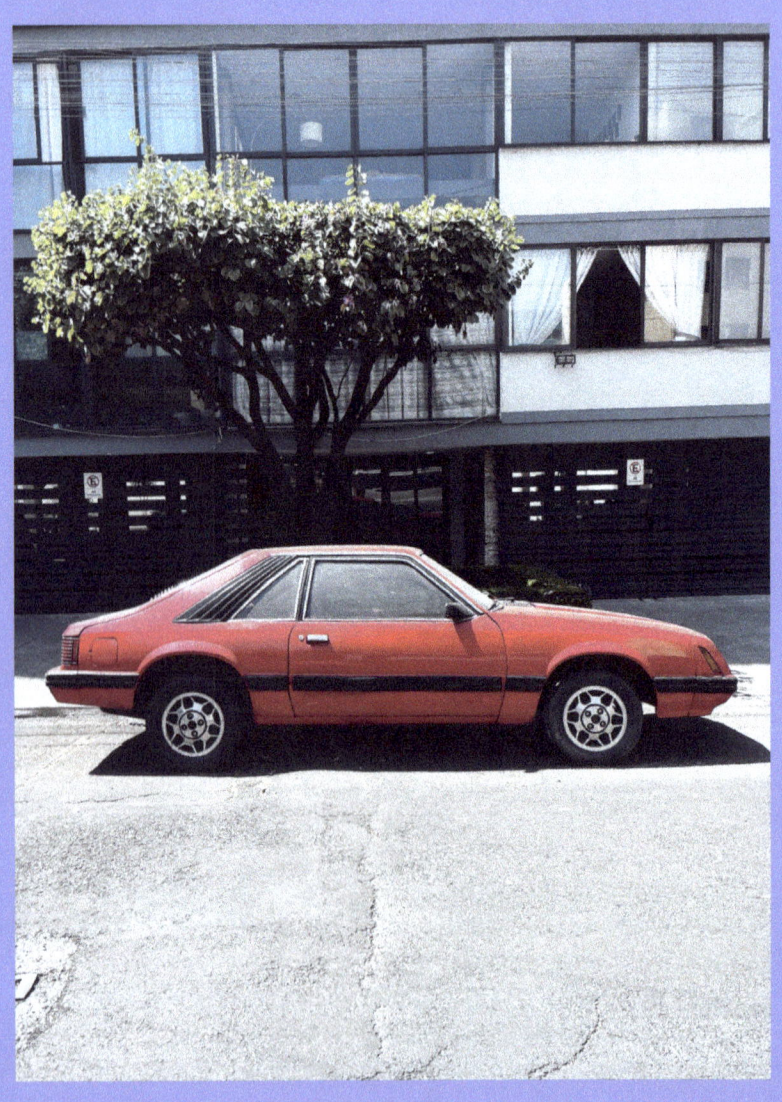

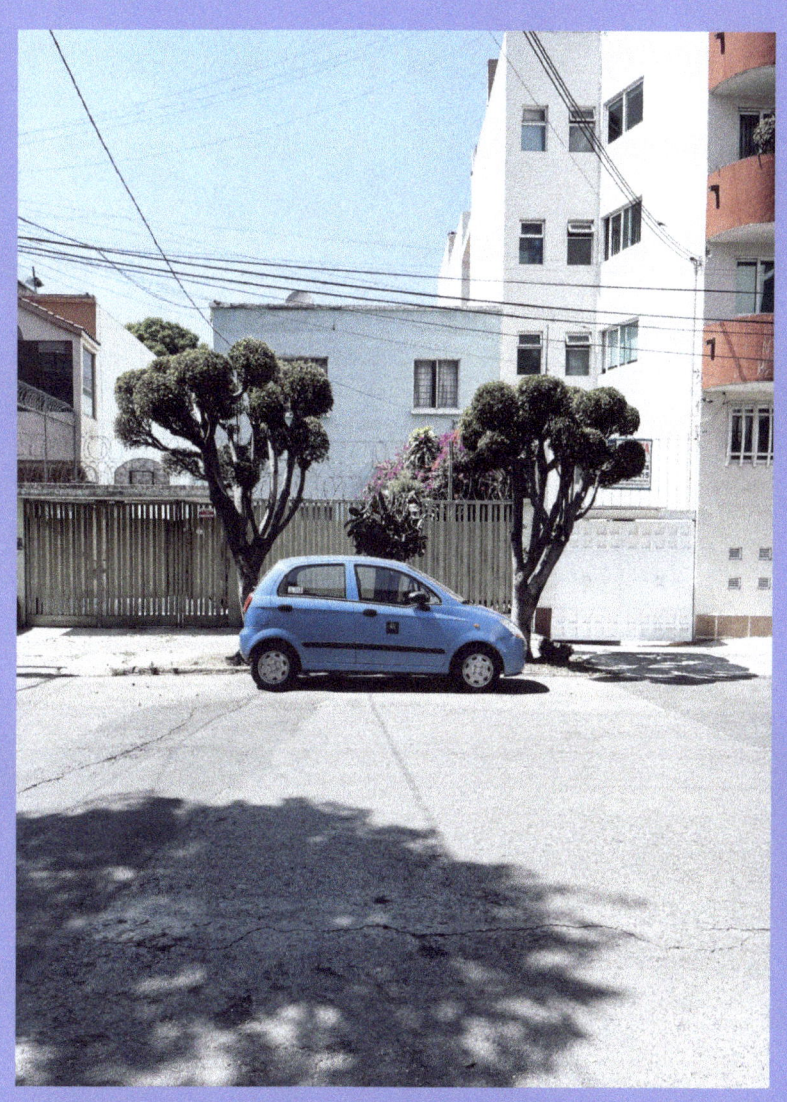

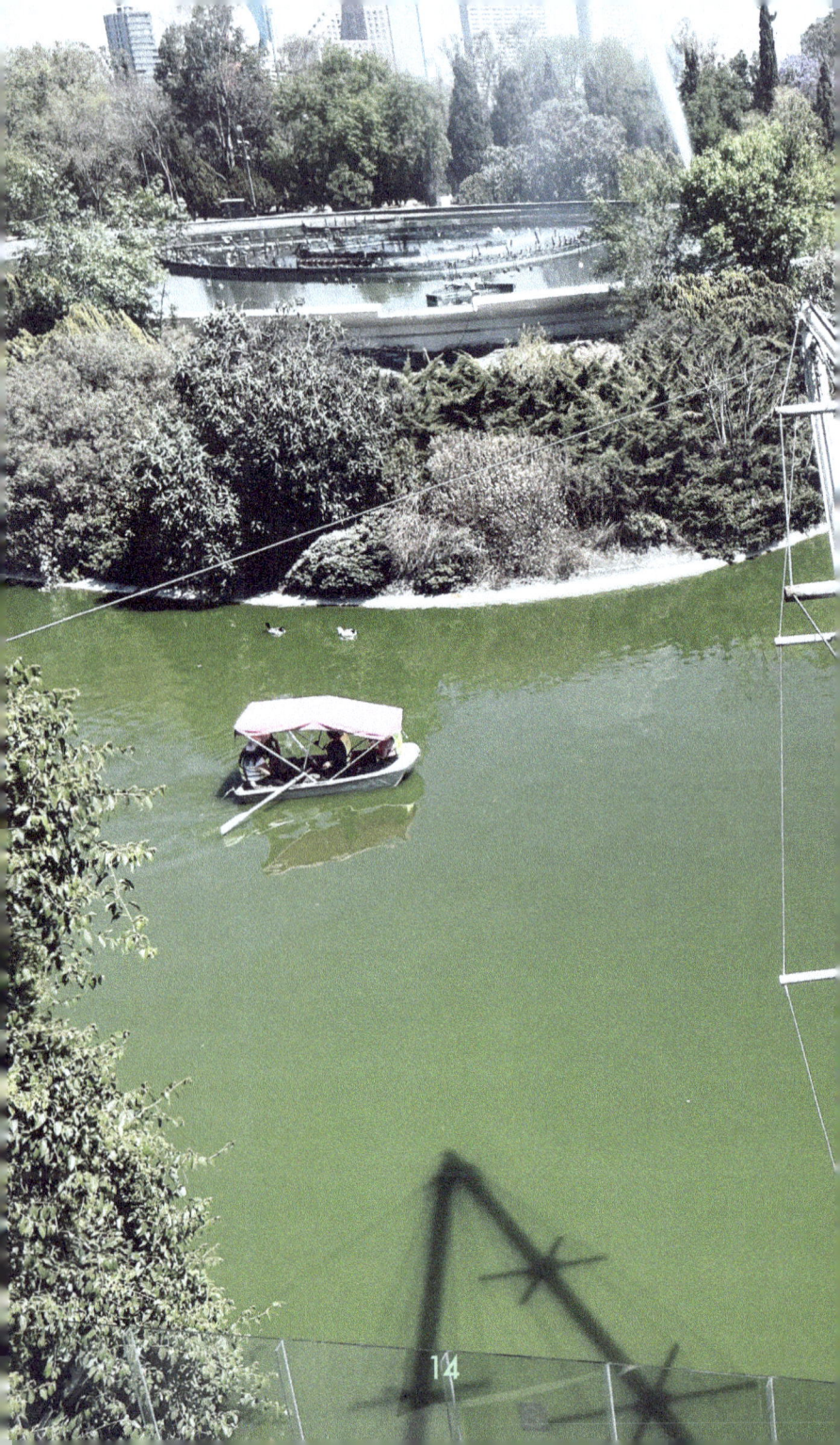

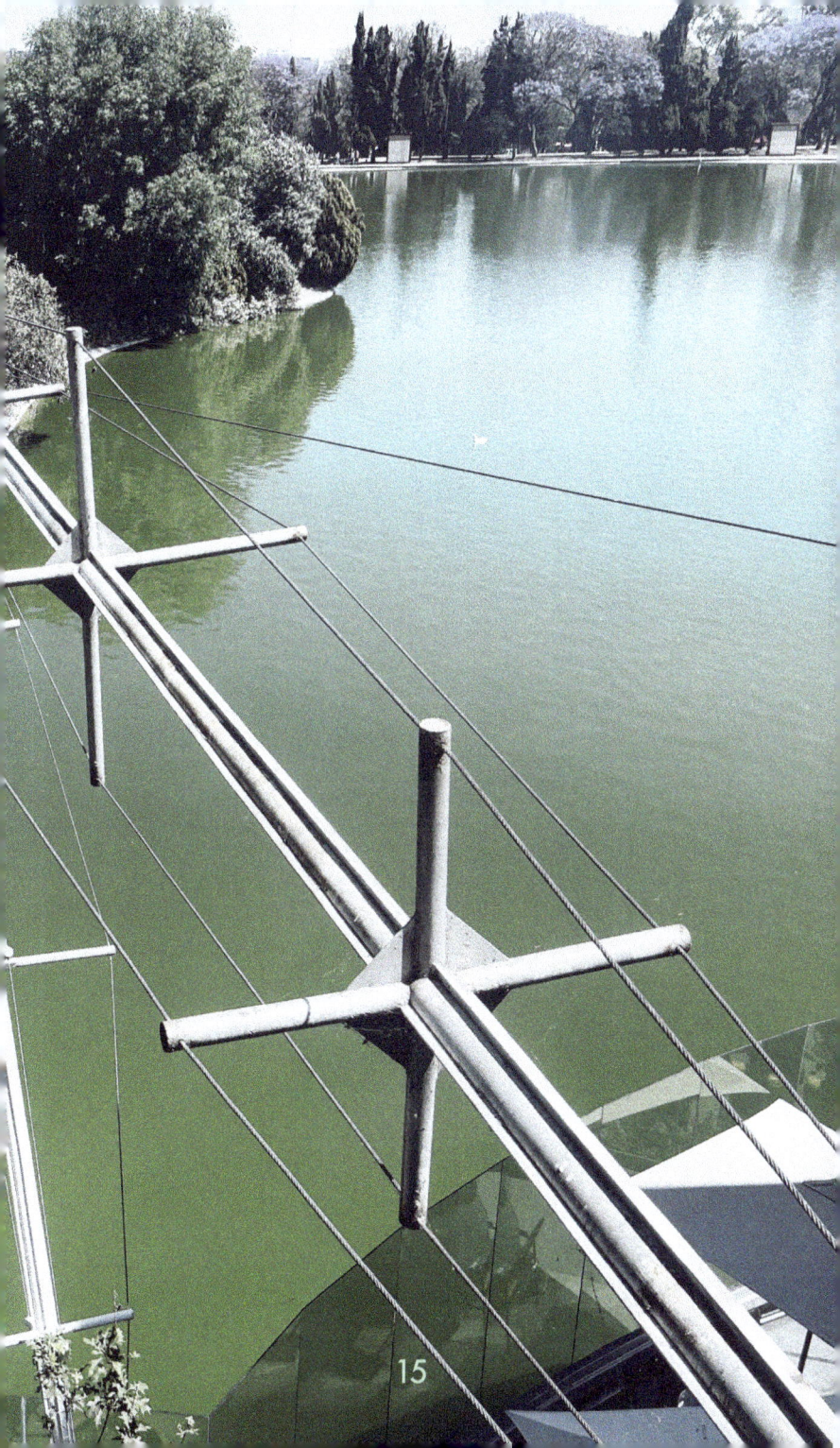

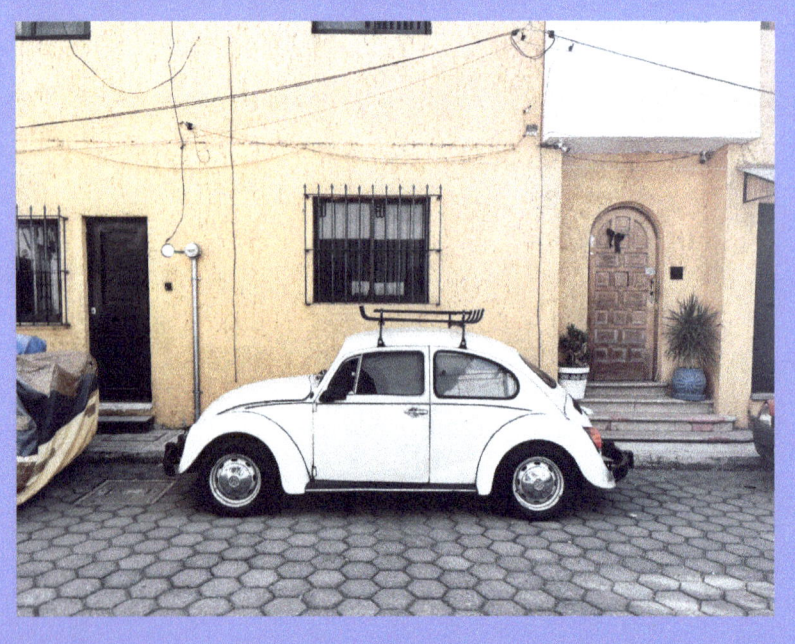

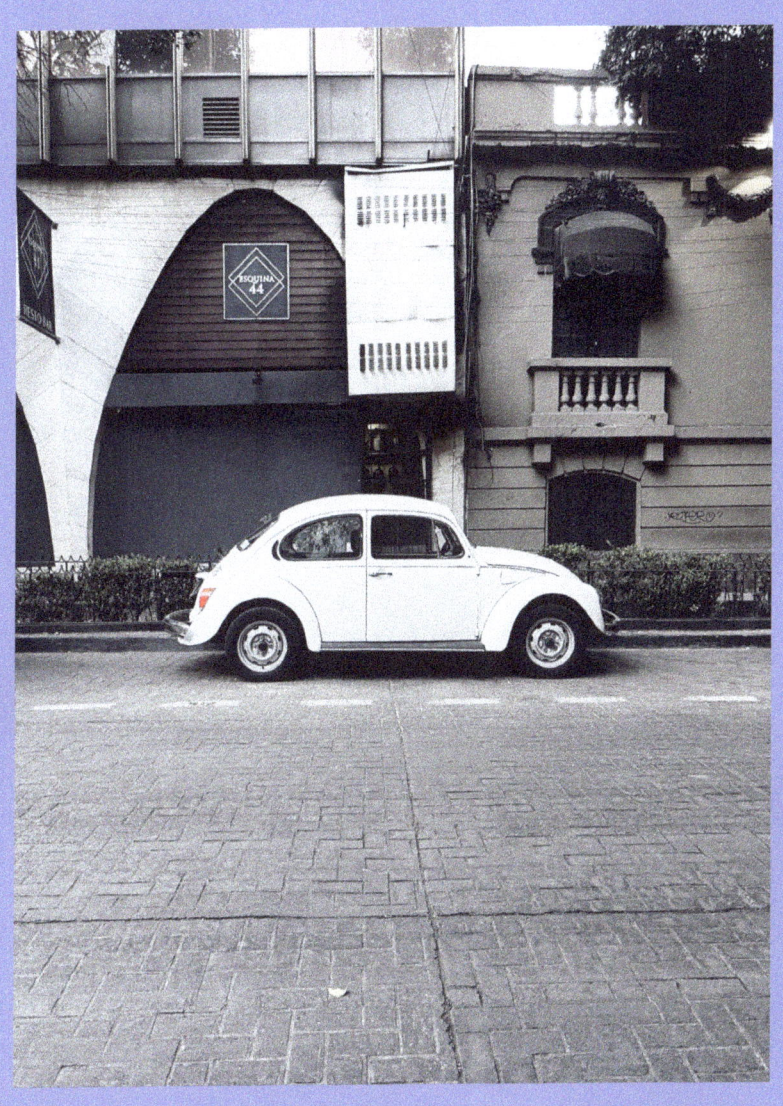

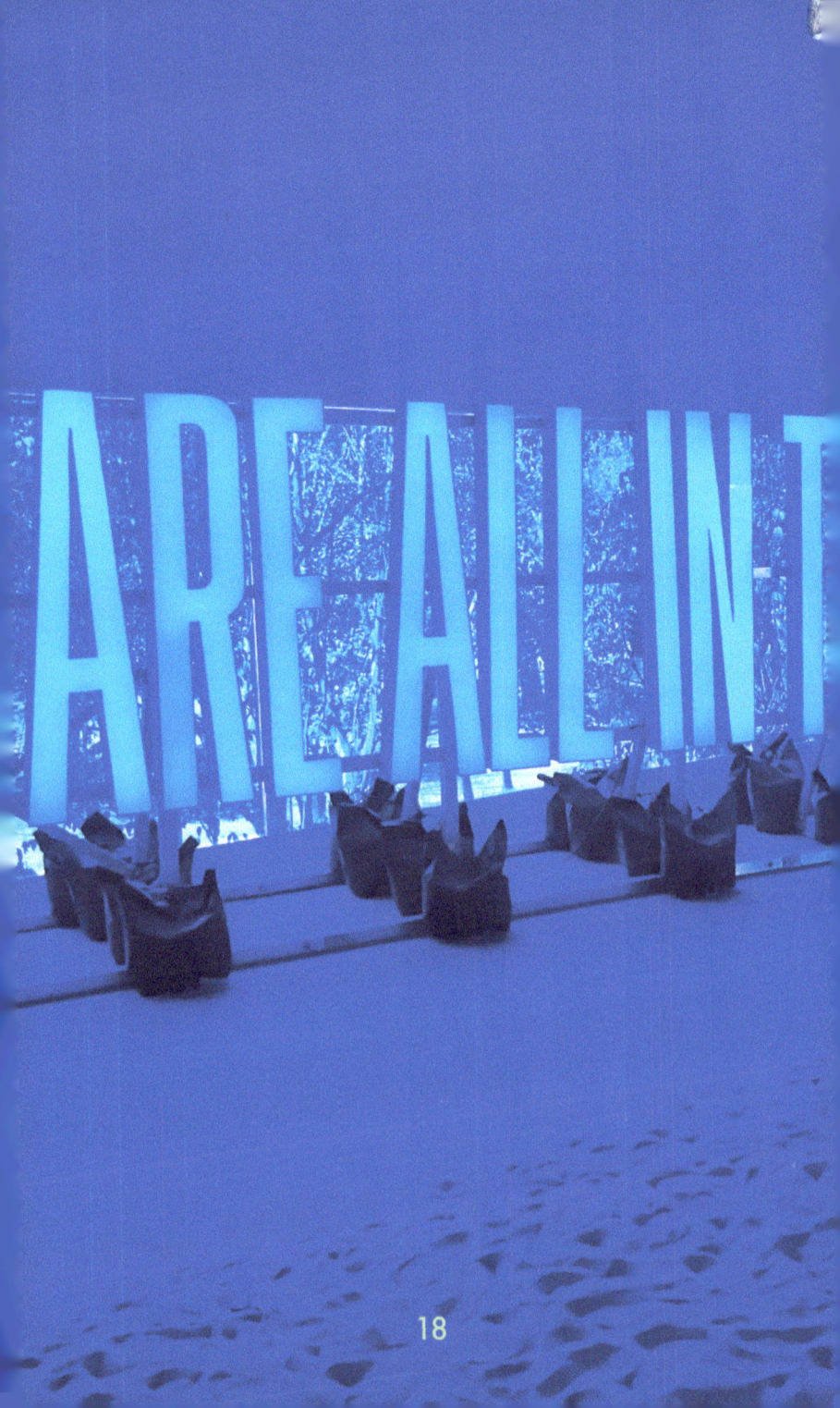

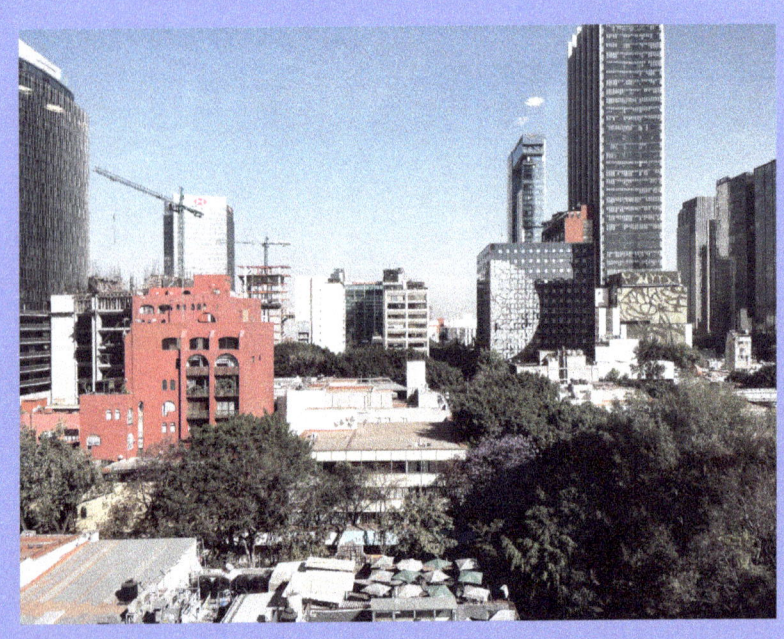

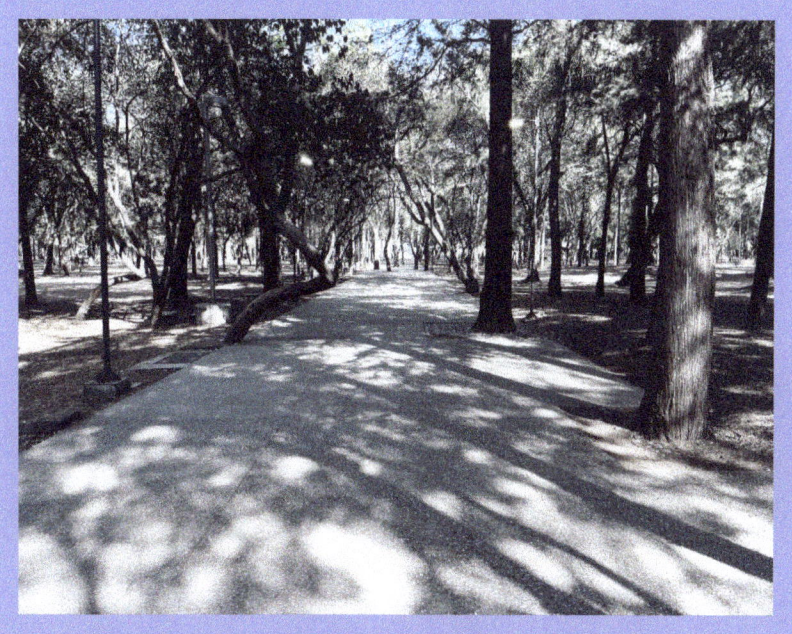

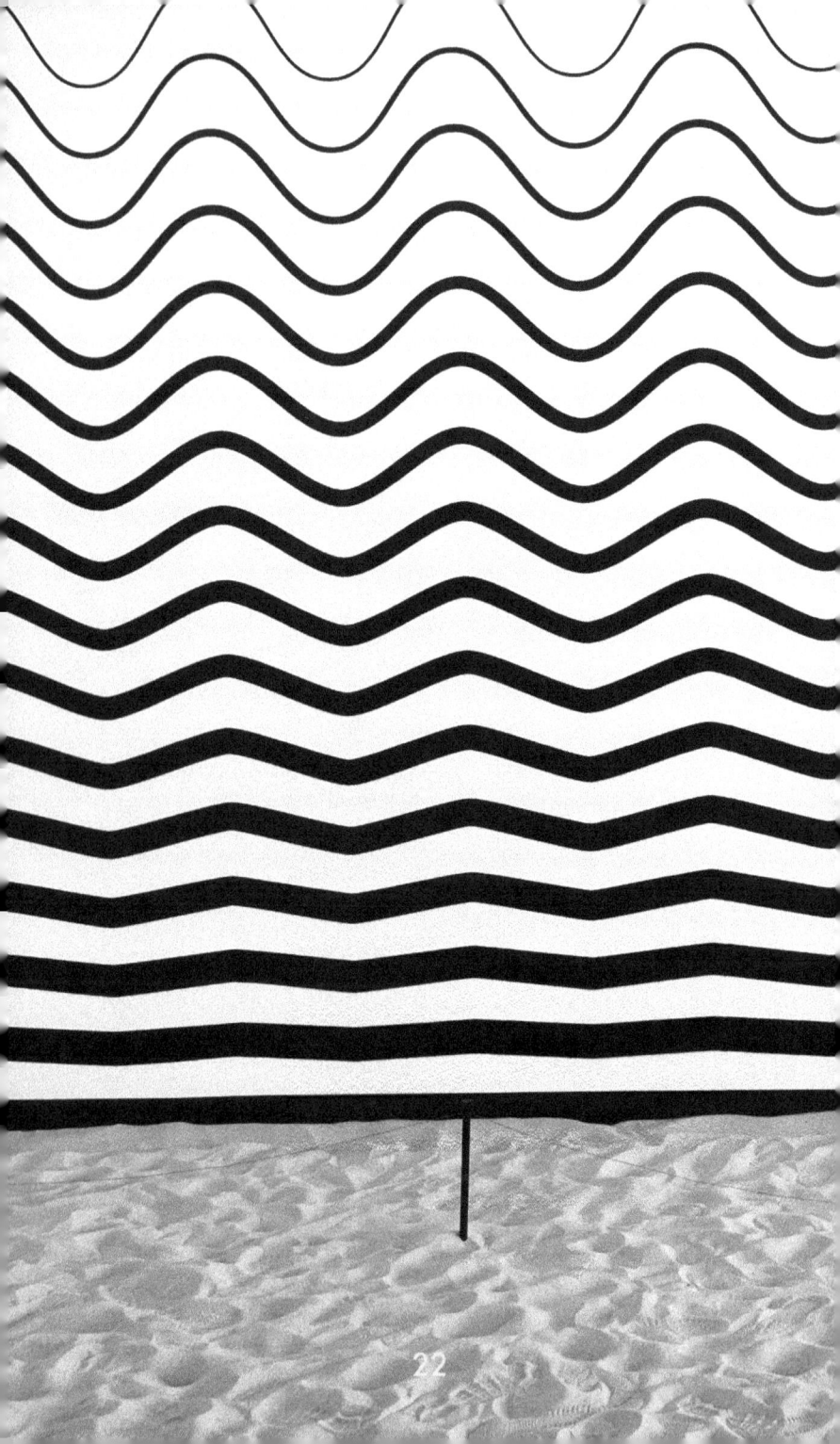

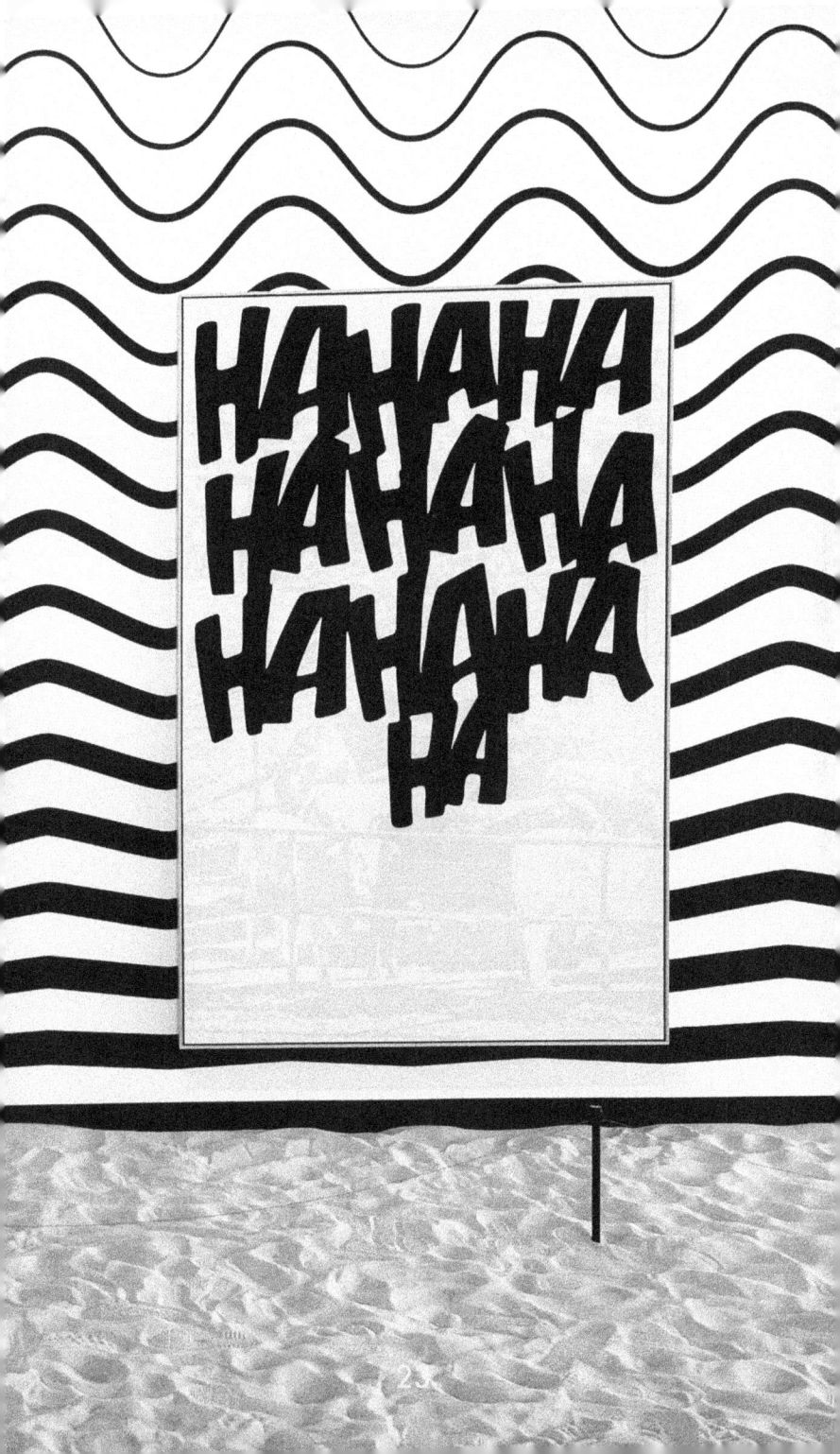

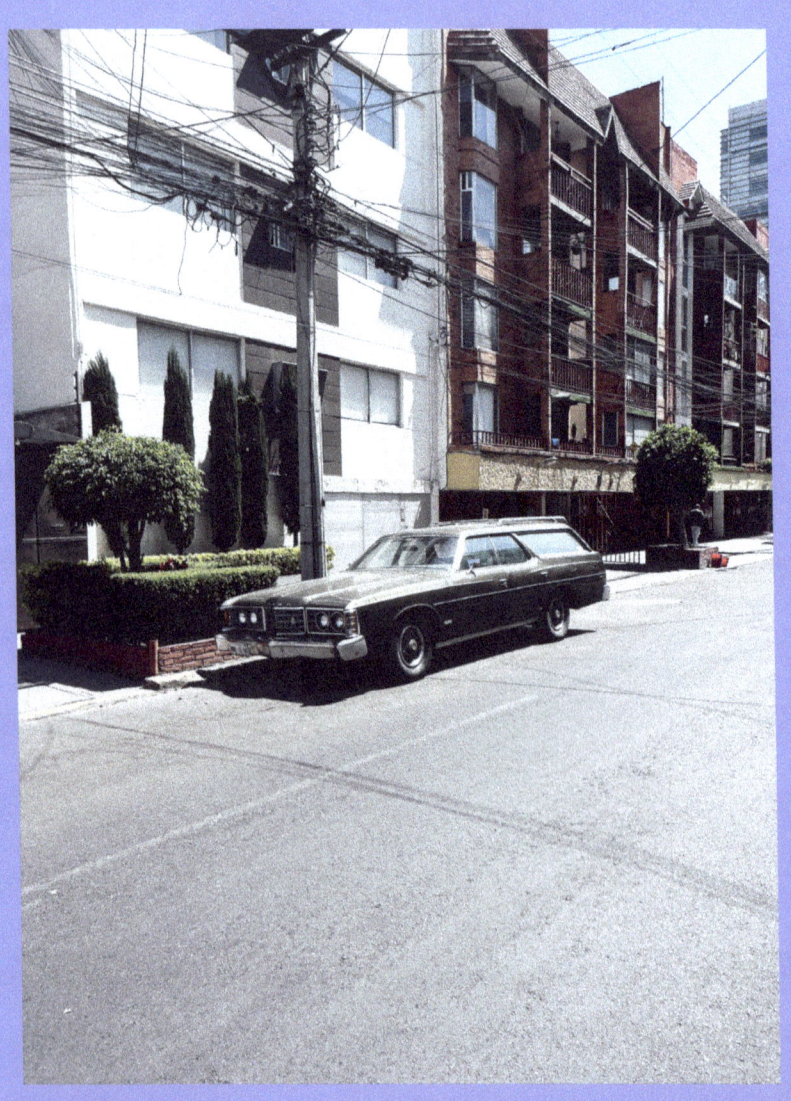

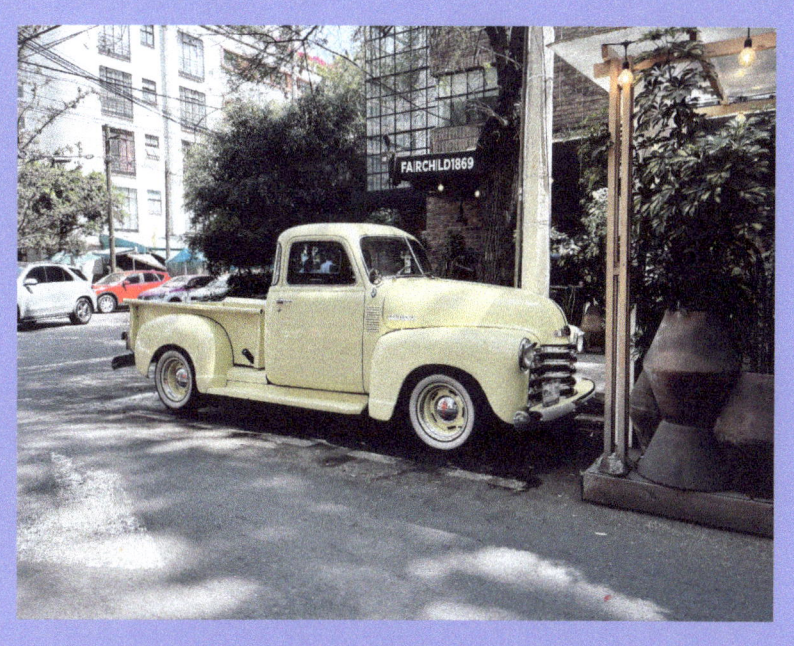

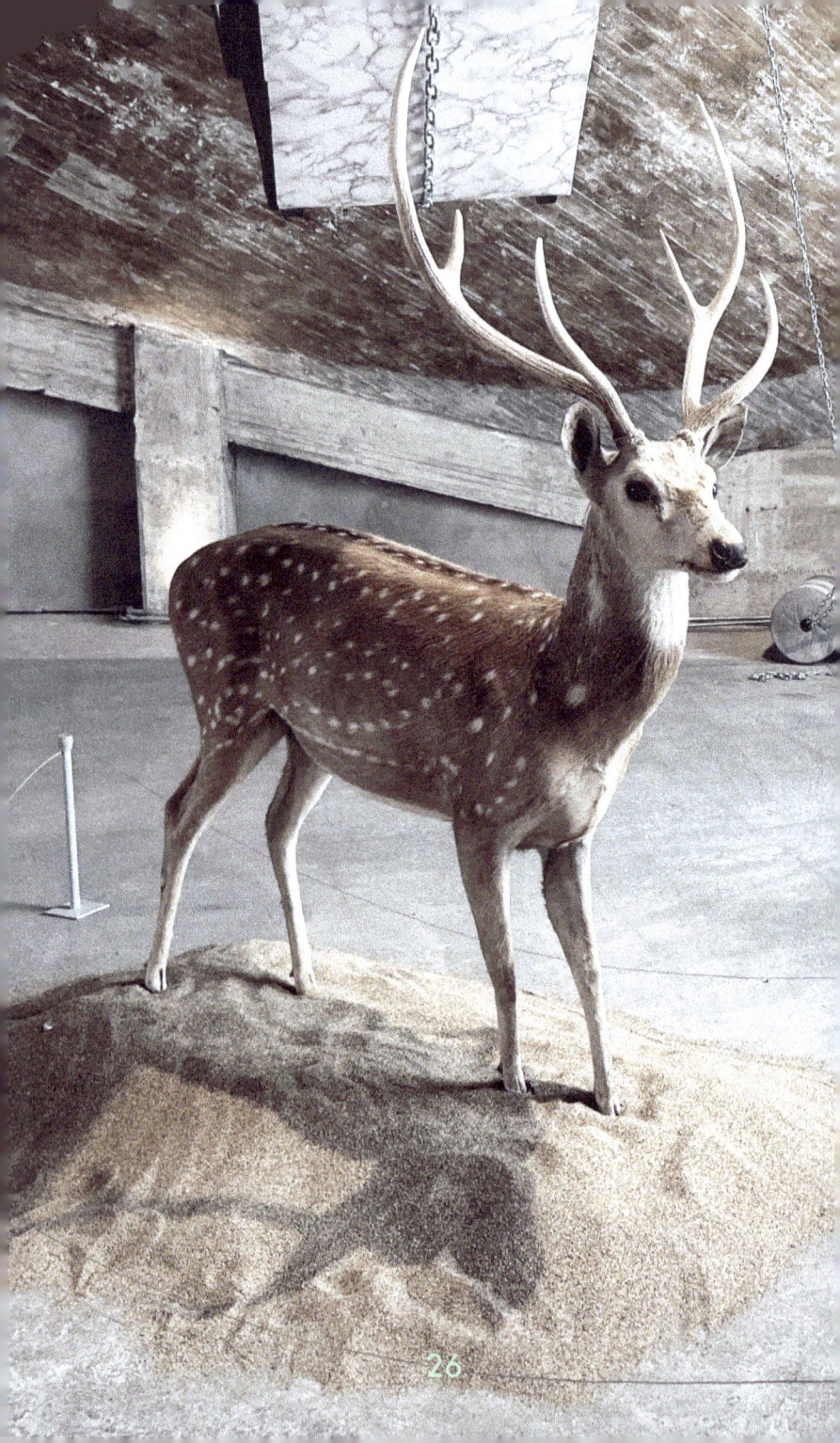

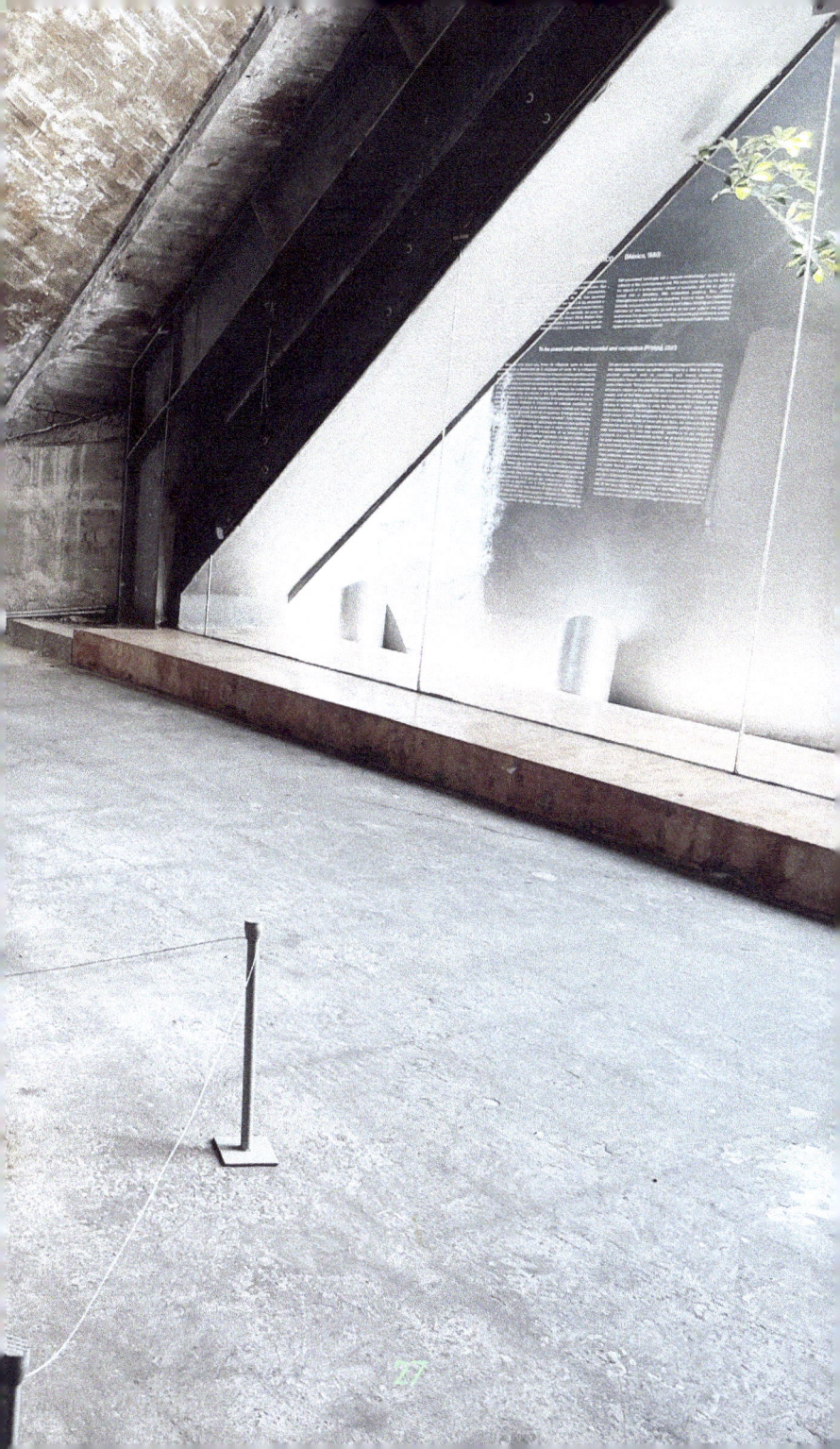

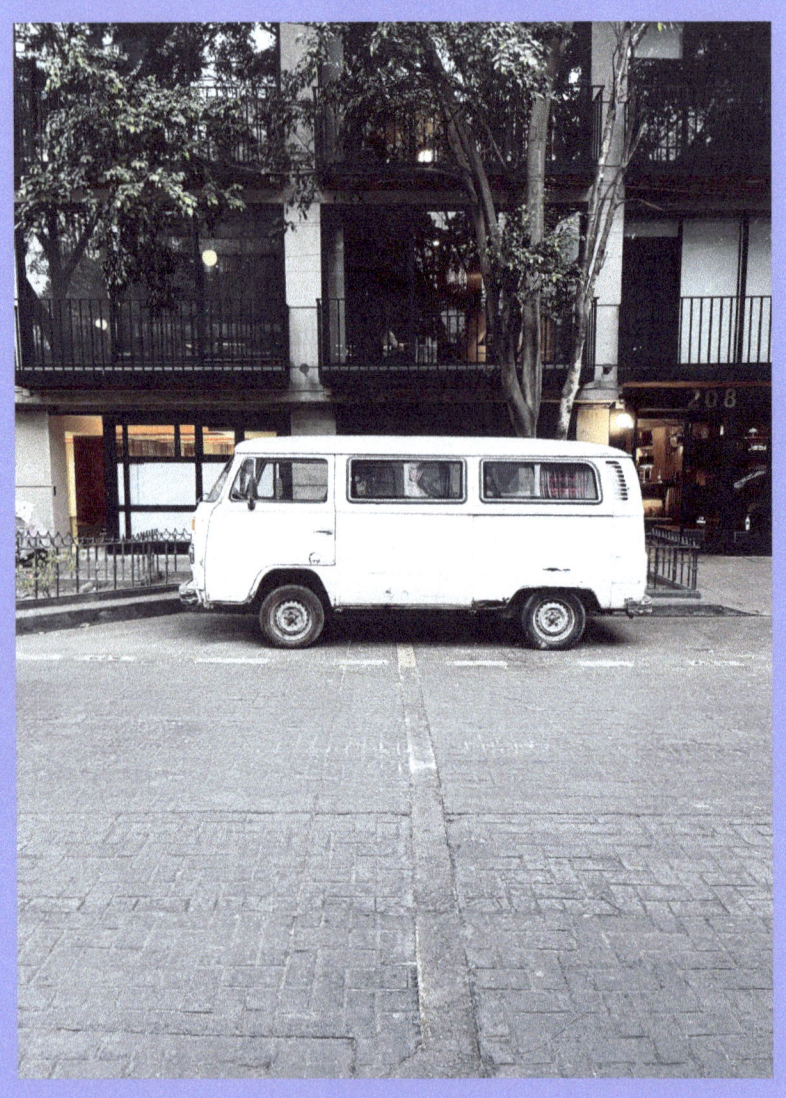

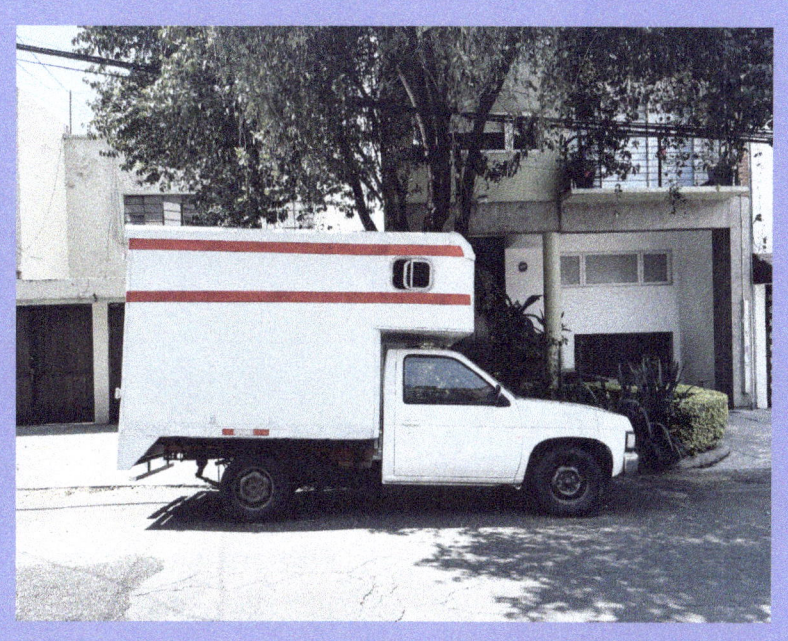

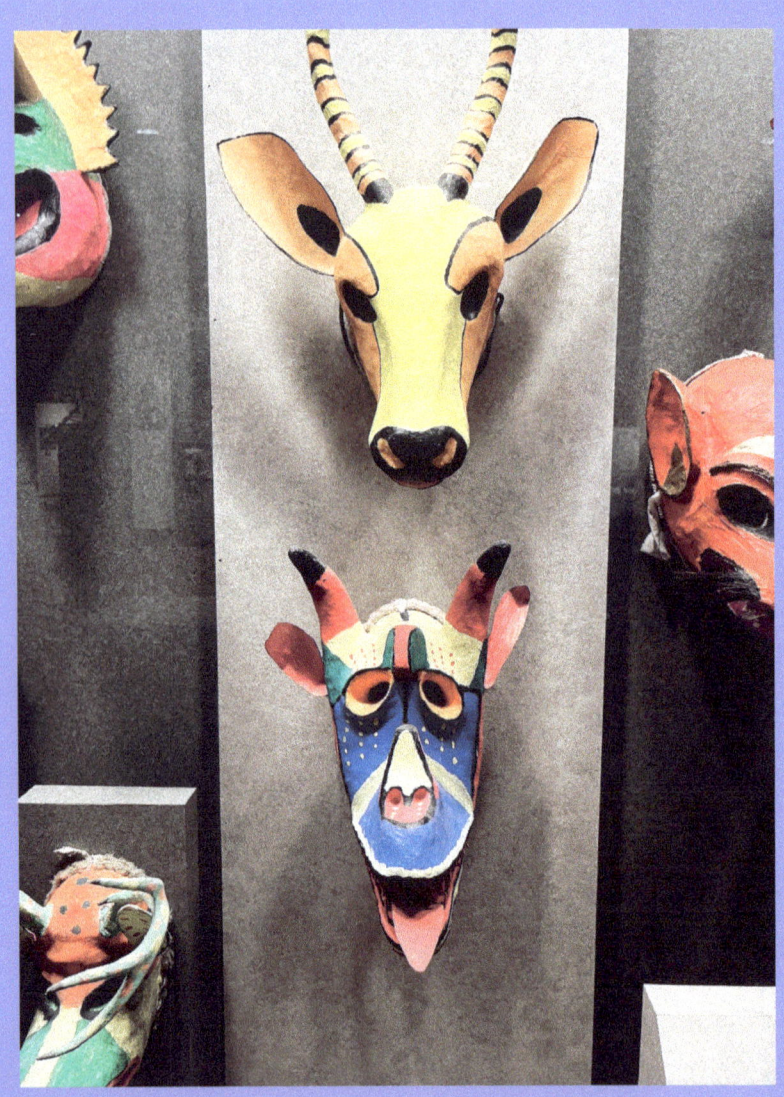

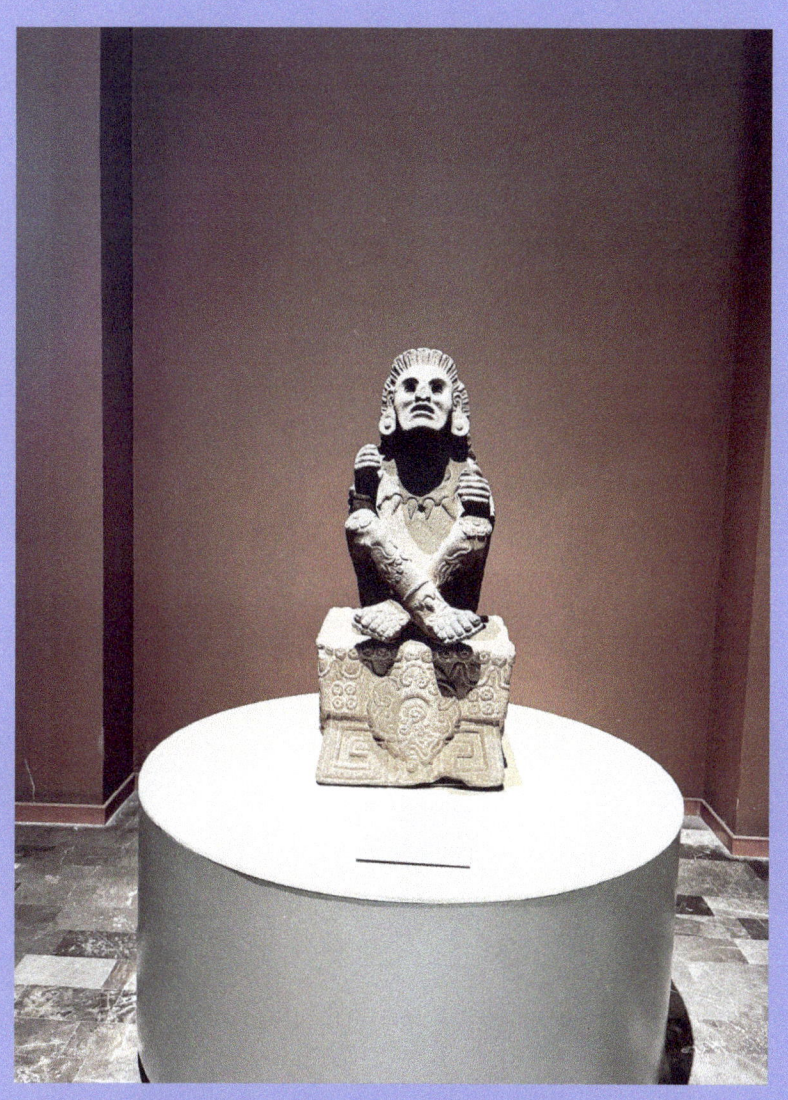

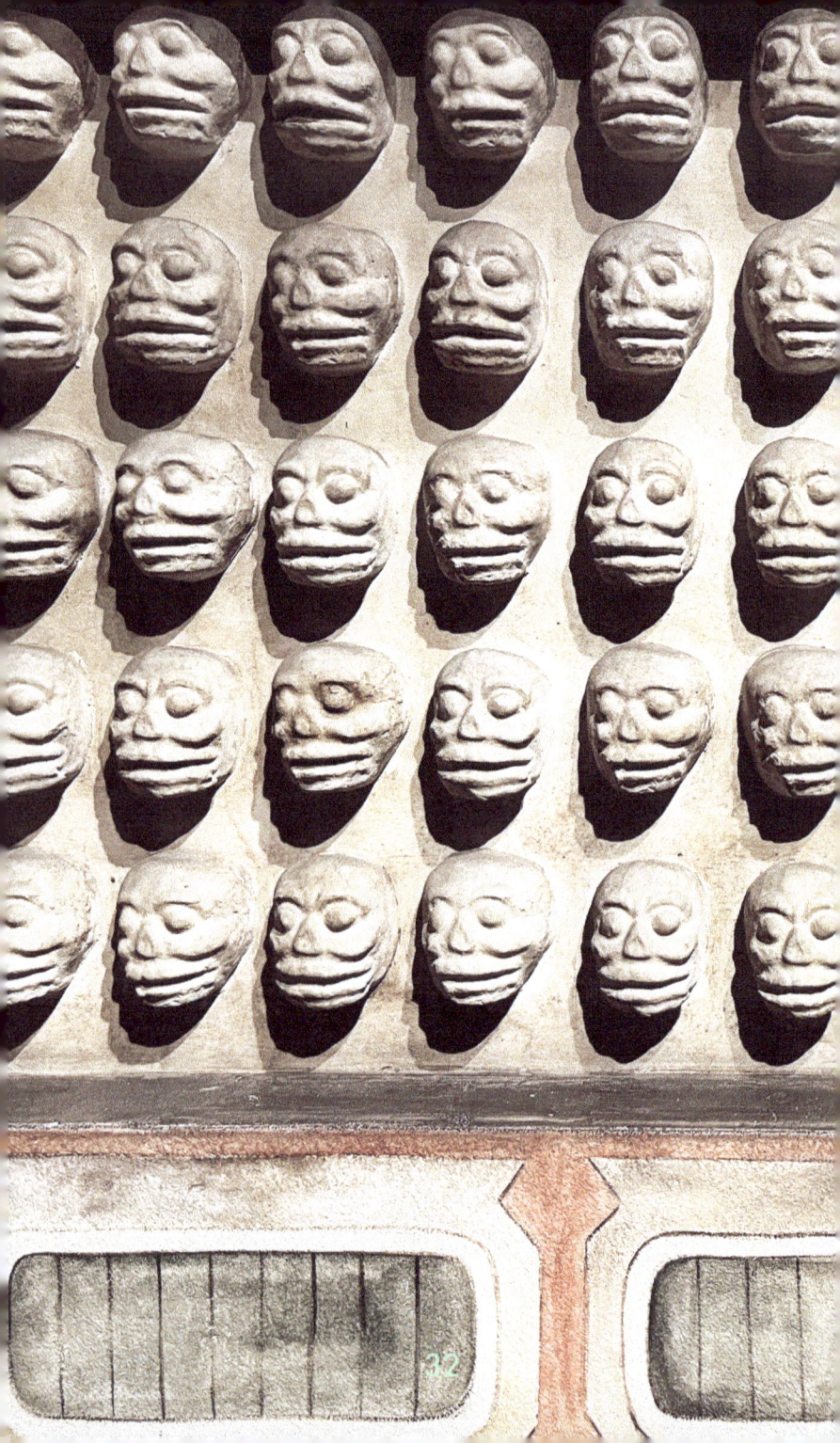

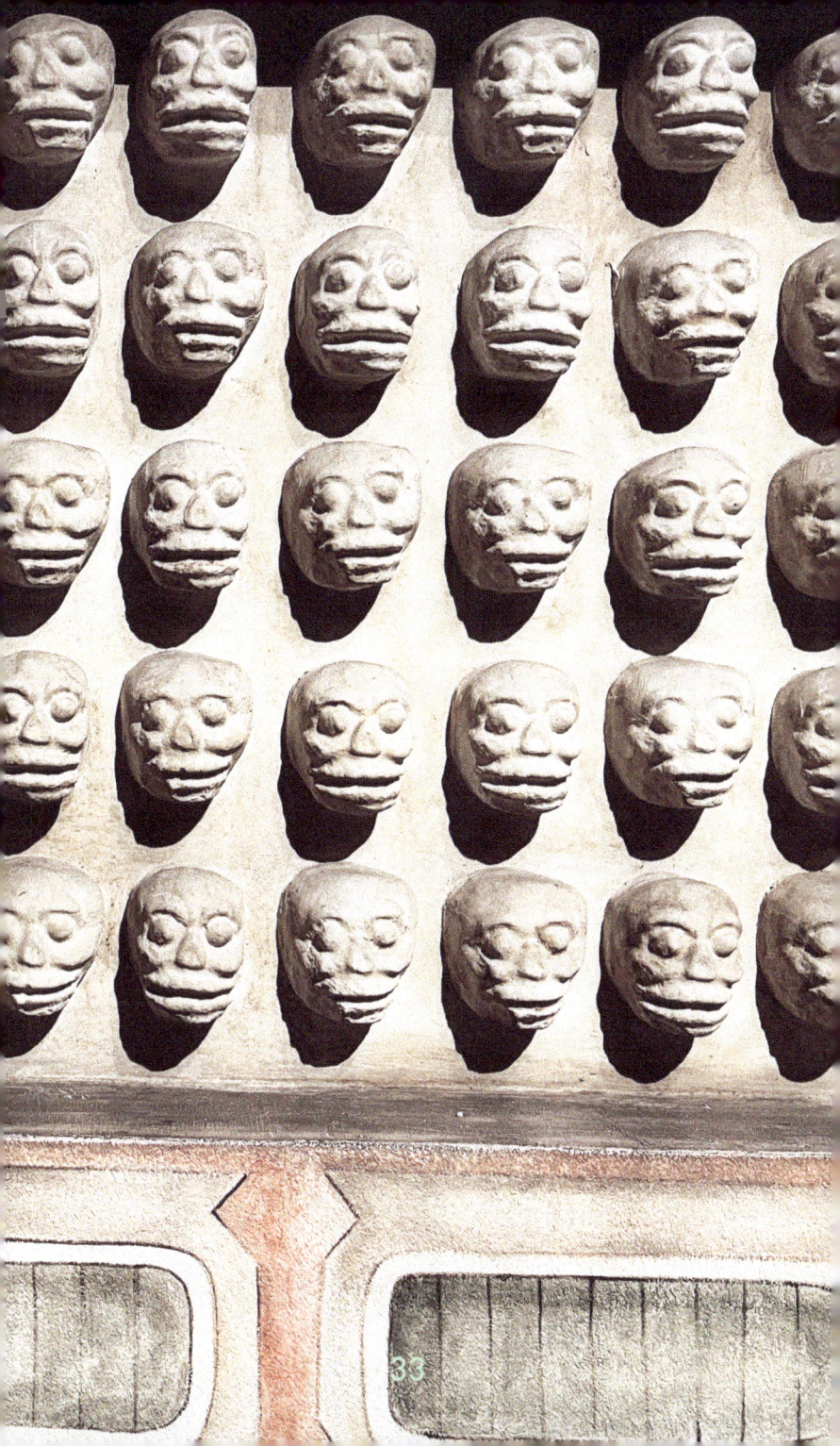

33

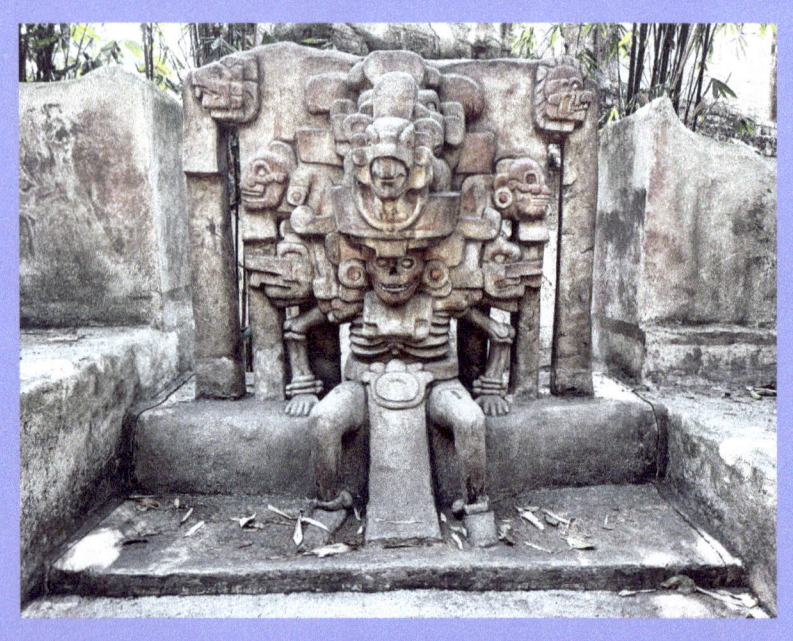

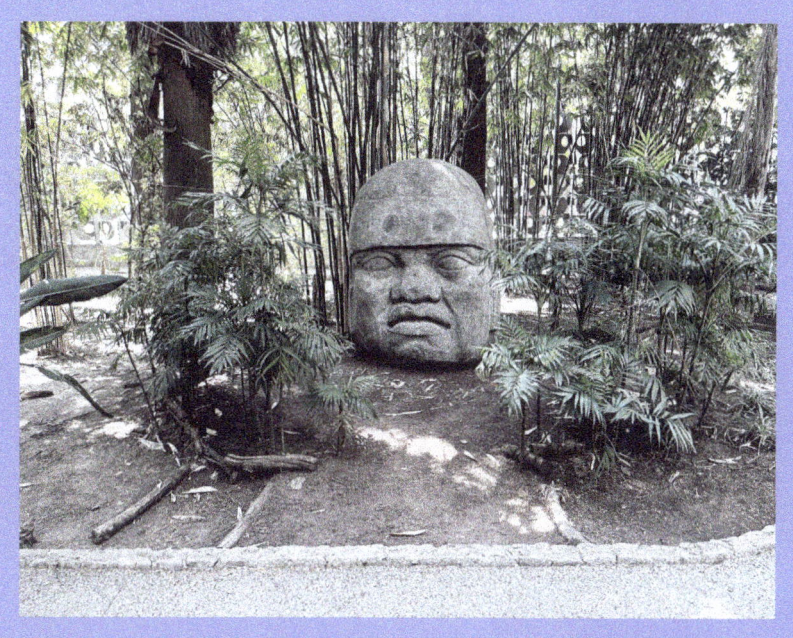

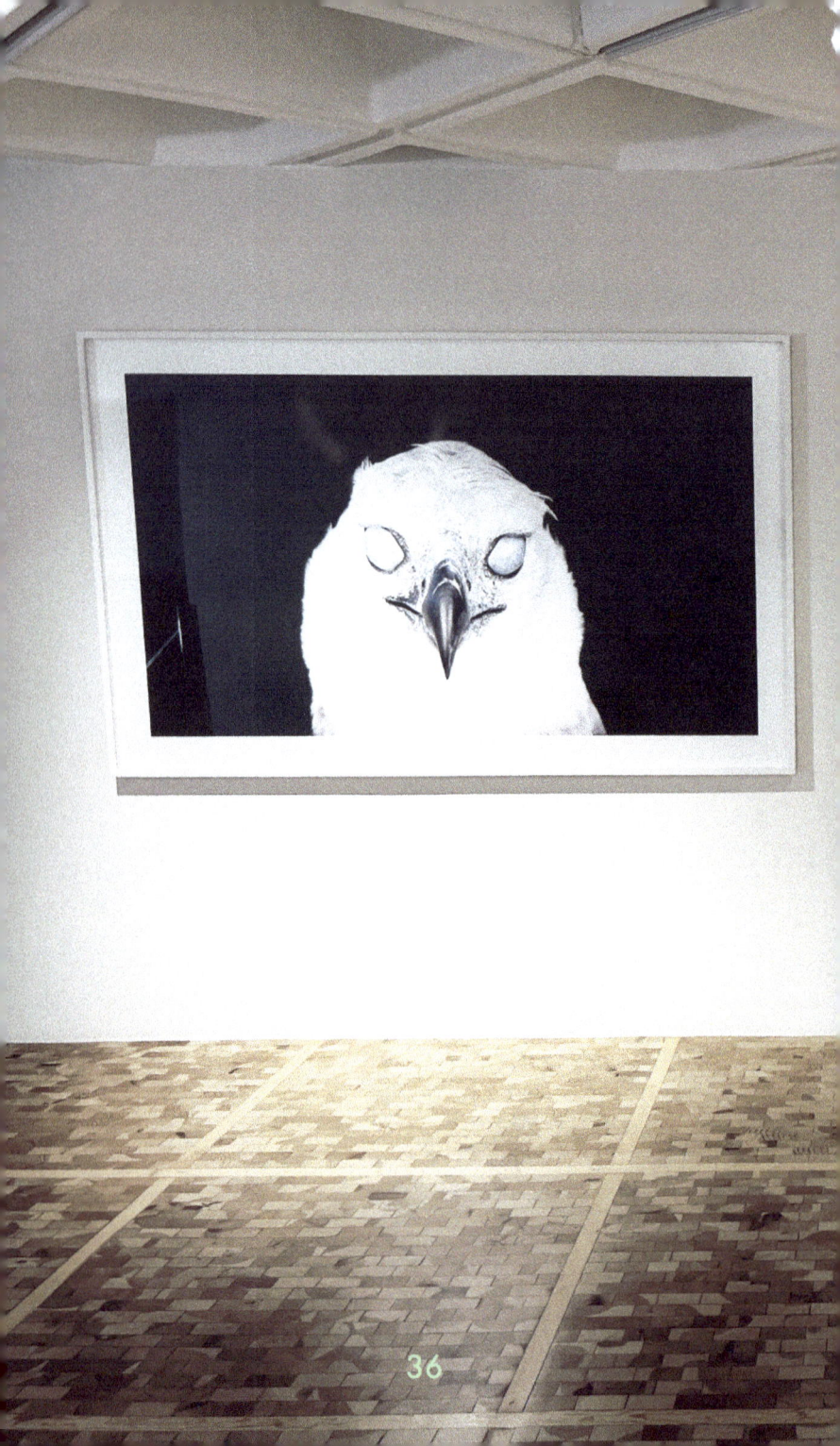

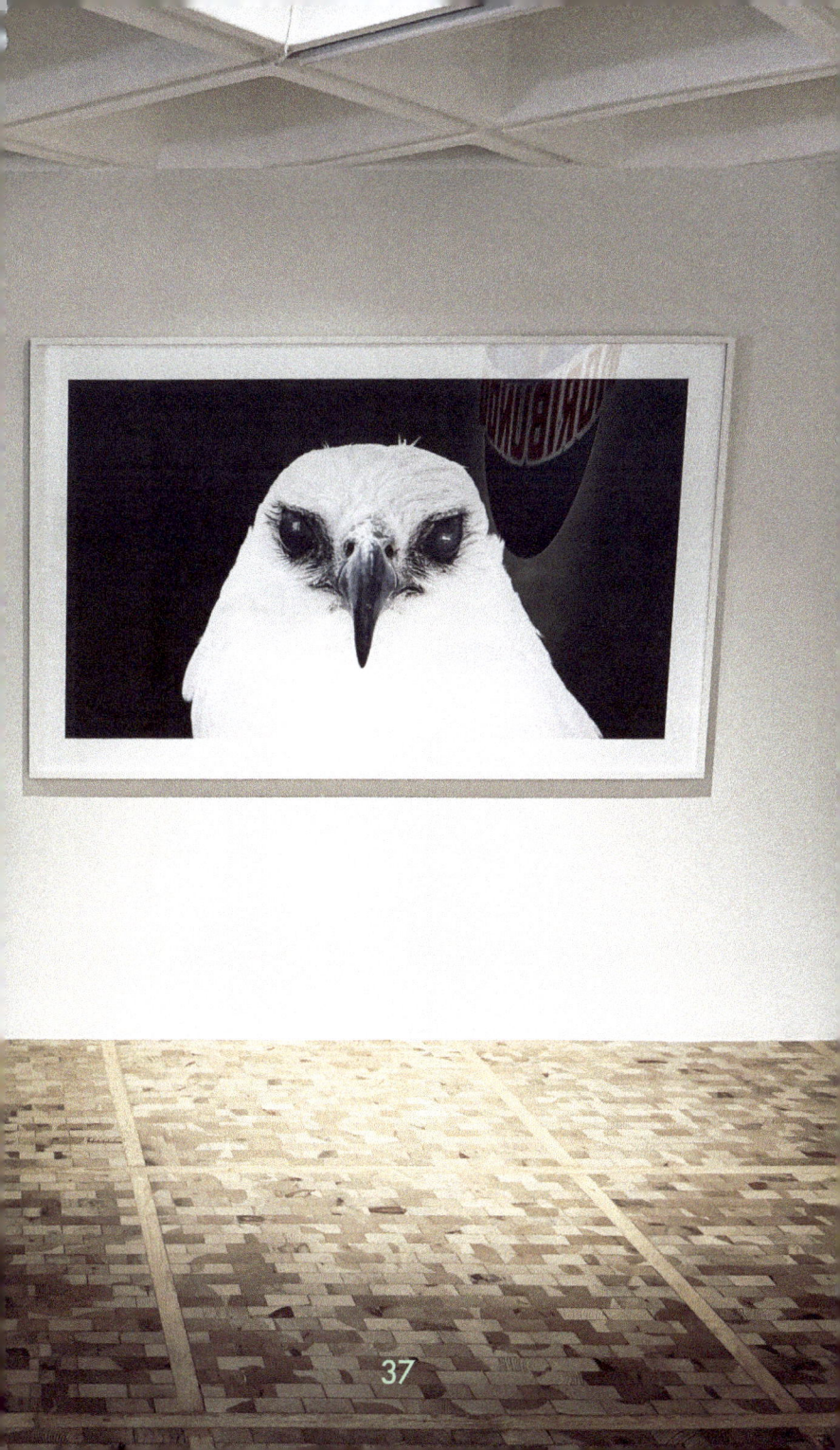

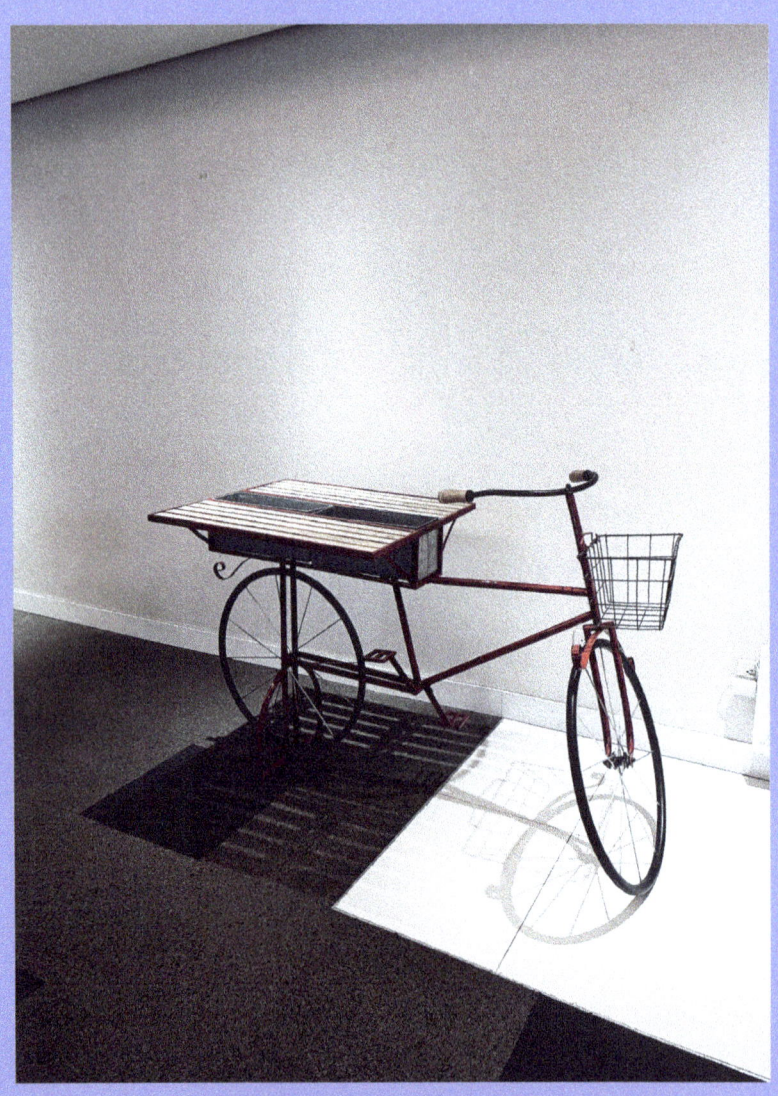

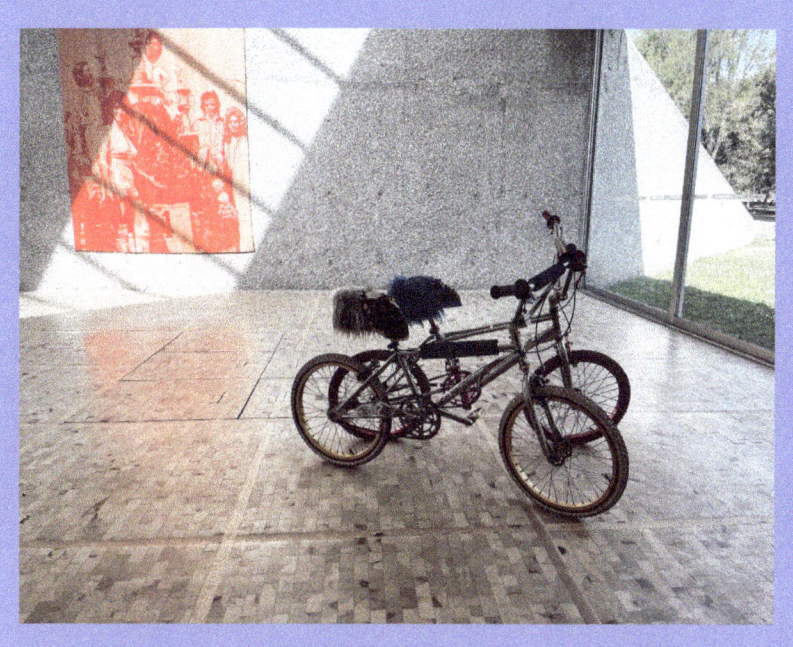

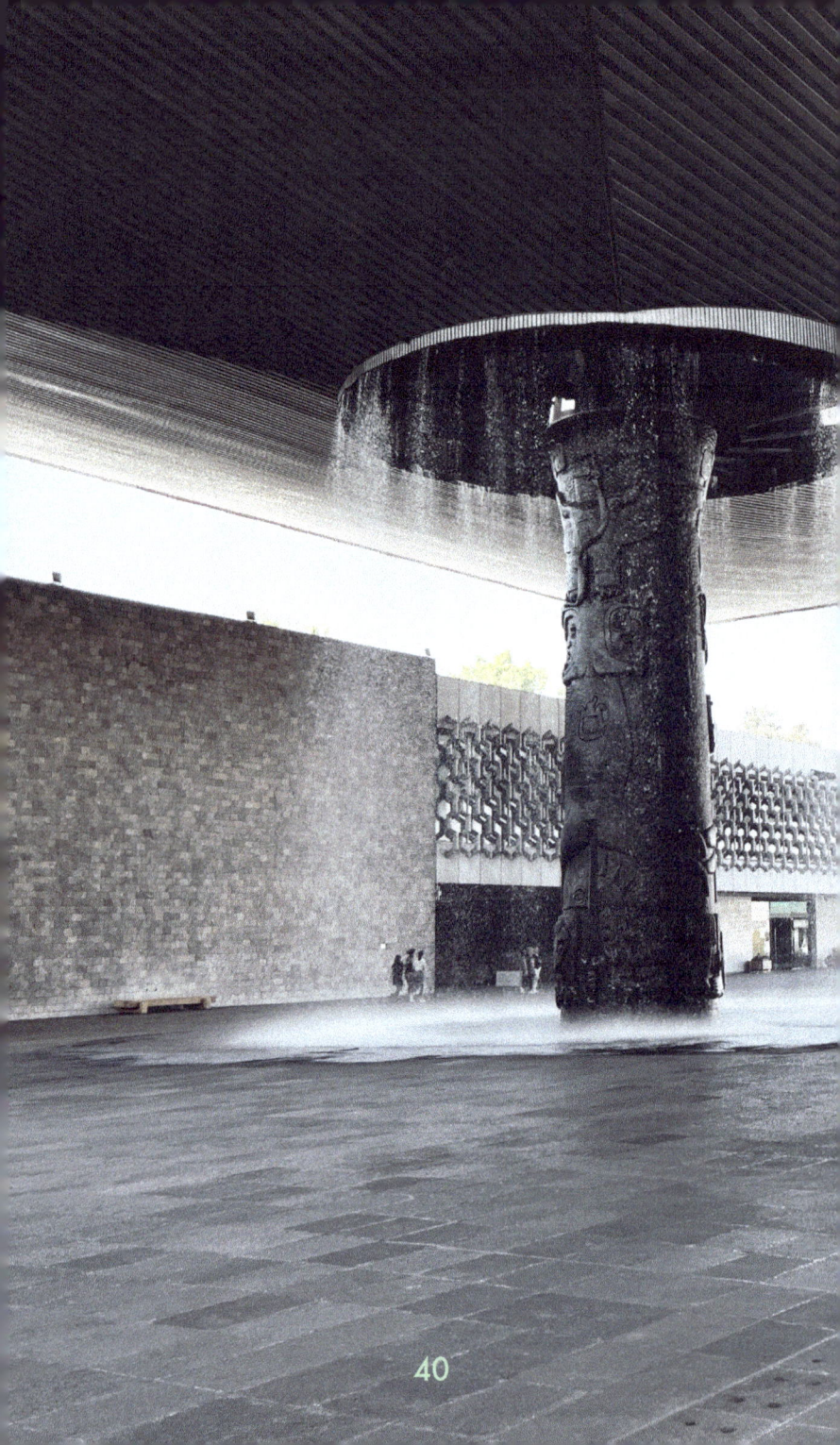

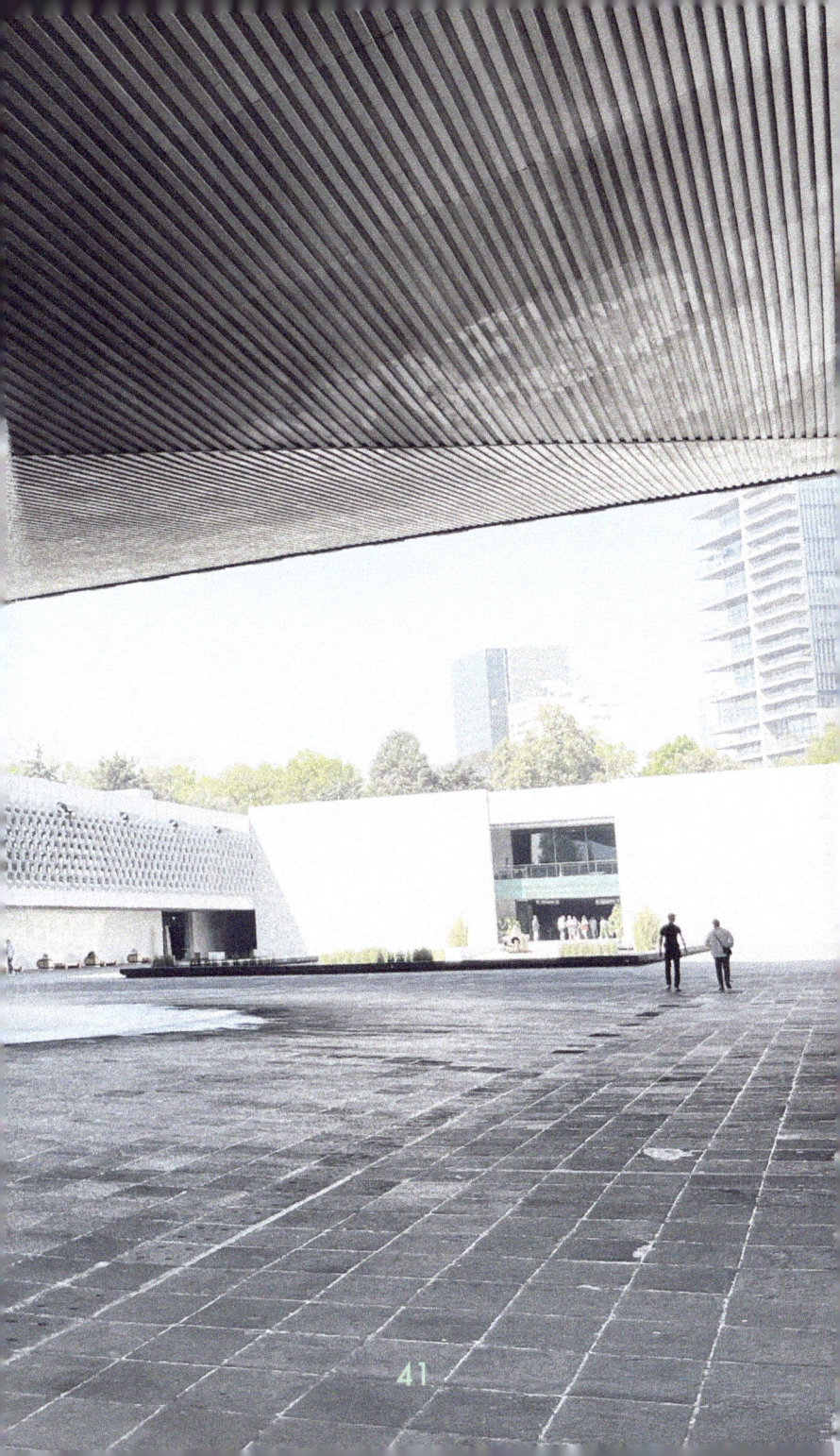

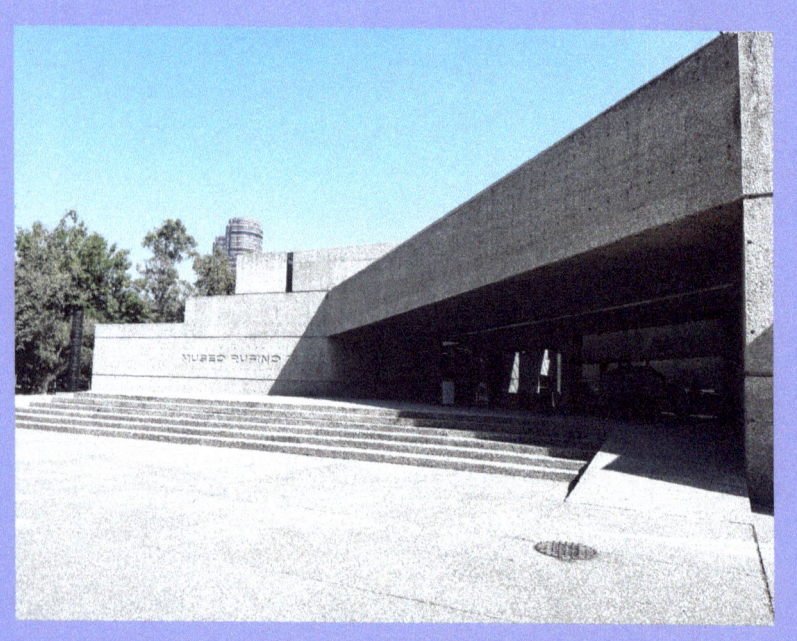

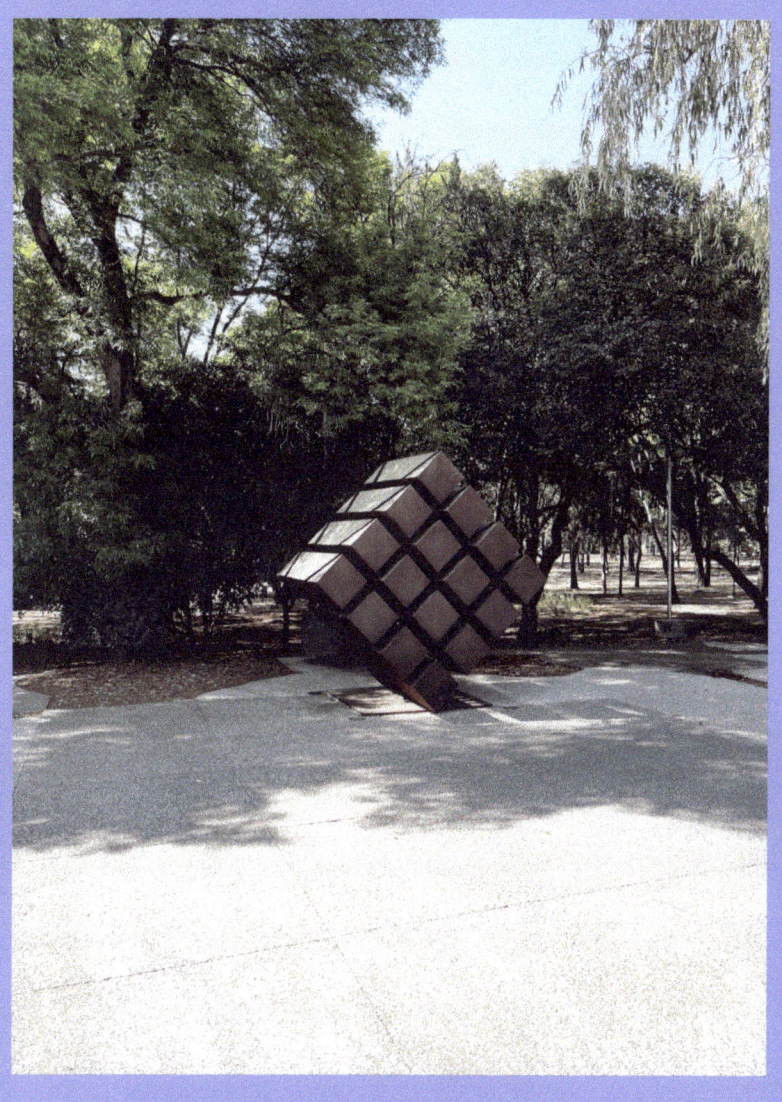

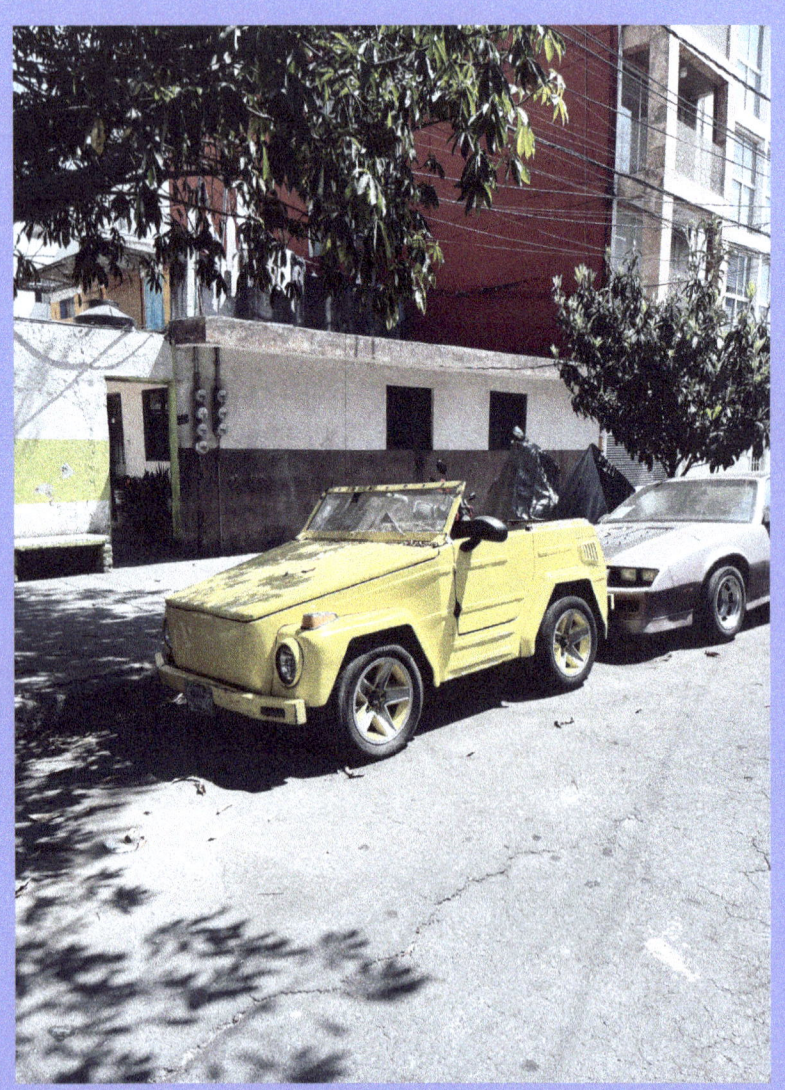

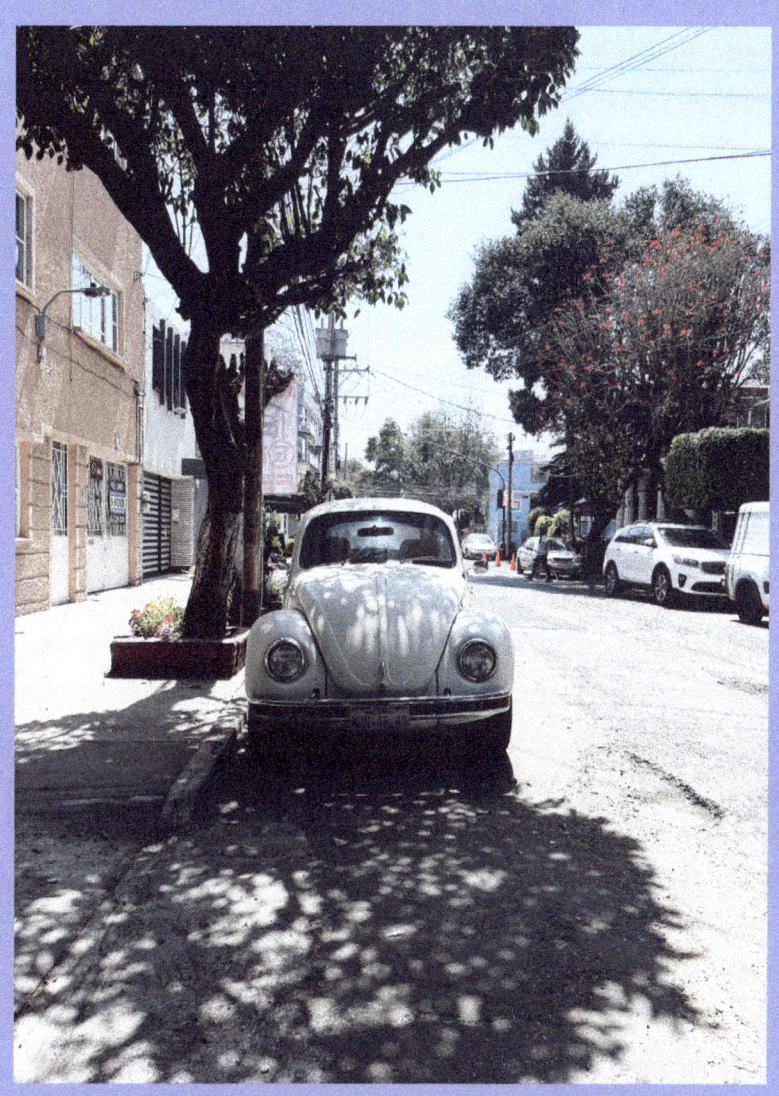

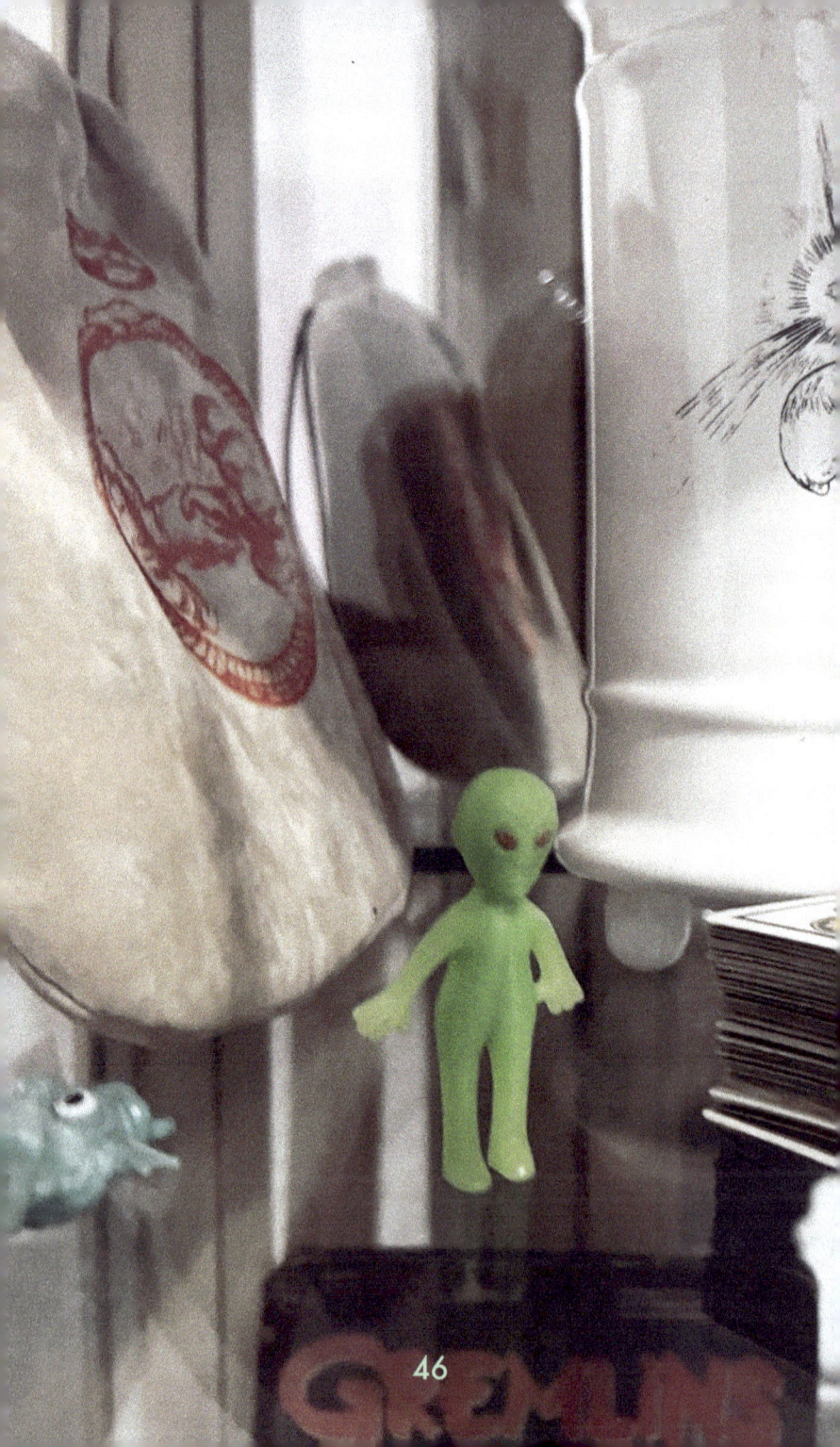

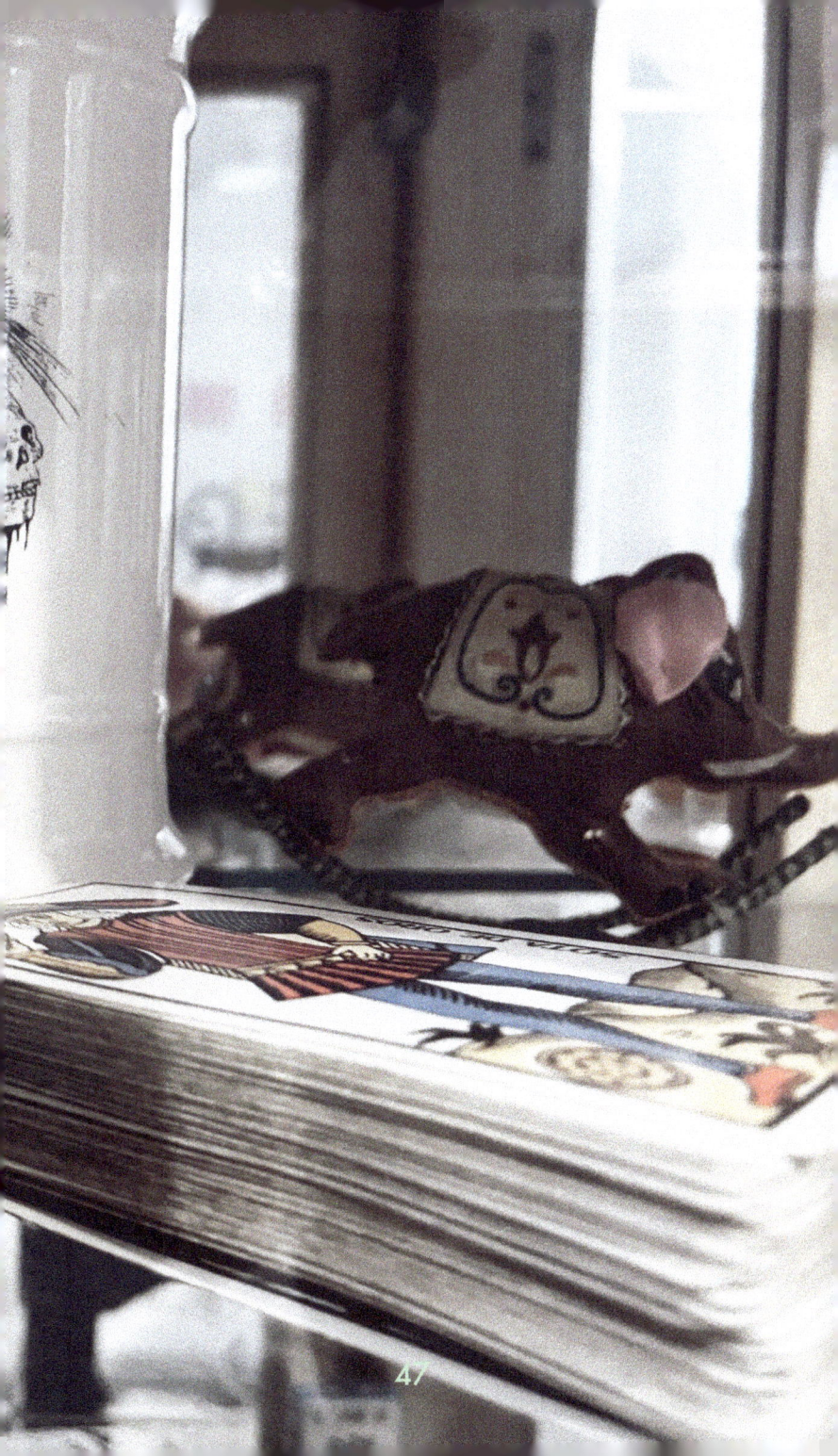

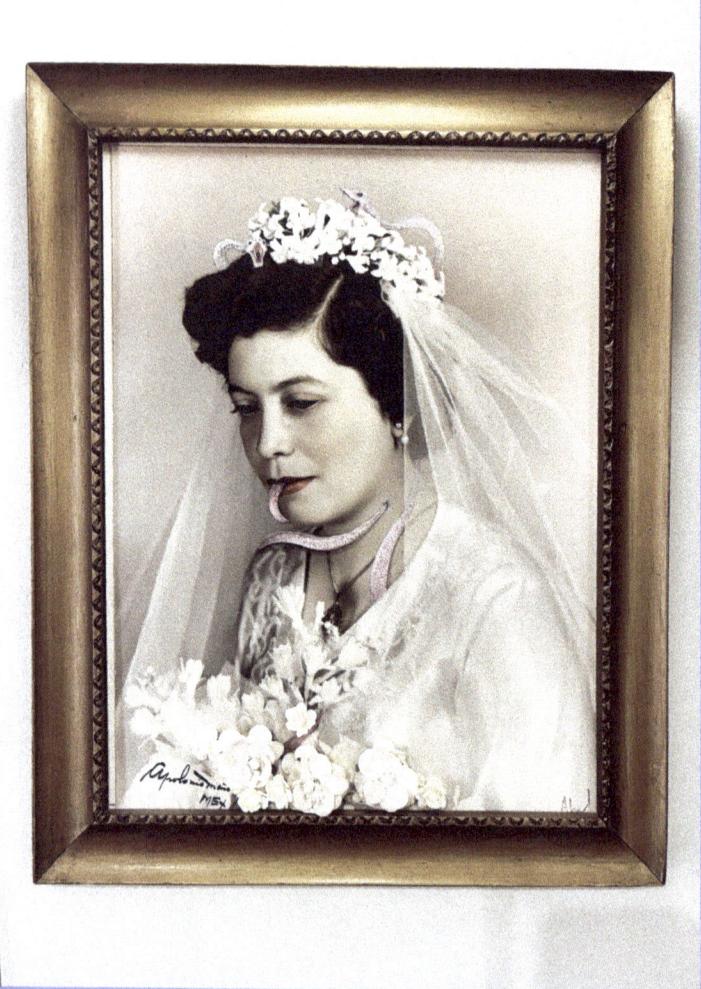

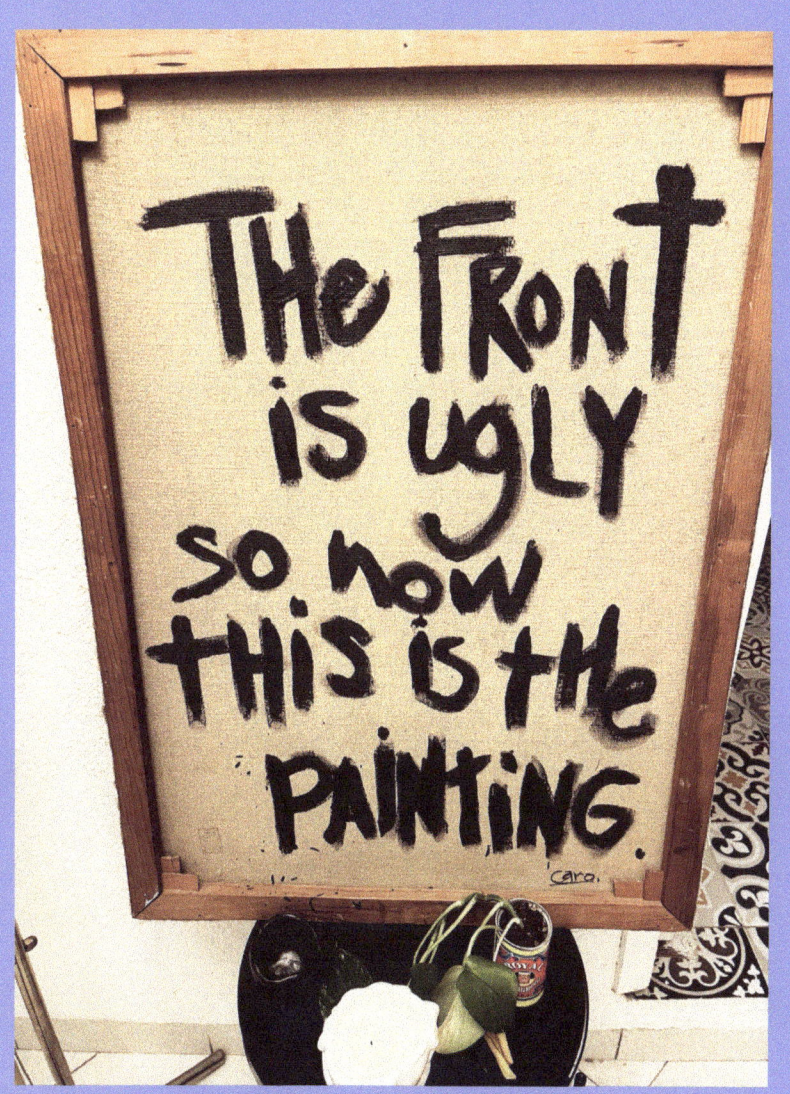

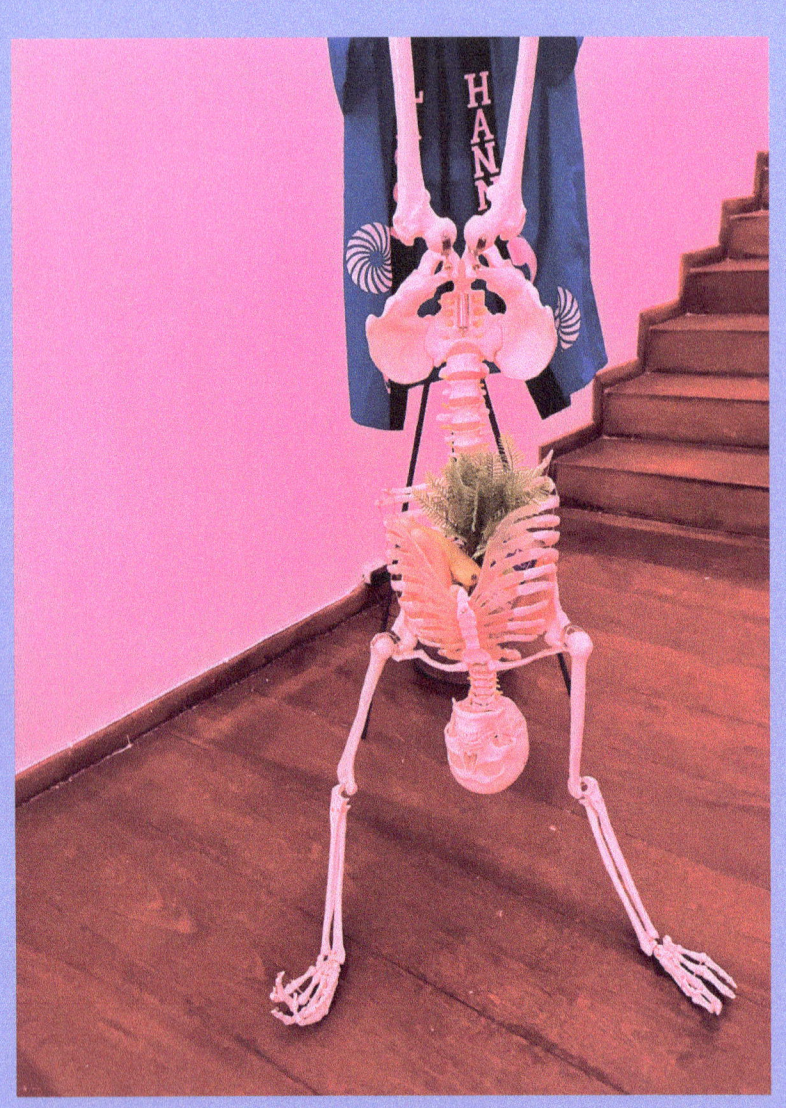

Hasta Luego

Hasta Luego!

¡Hasta Luego!

¡Hasta Luego!

¡Hasta Luego!

¡Hasta Luego!

MEXICO CITY

MEXICO CITY

MEXICO CITY

MEXICO CITY

MEXICO CITY

MEXICO CITY

DAD DE MÉX
DAD DE MÉXI
UDAD DE MÉXIC
CIUDAD DE MÉXICO
CIUDAD DE MÉXICO
CIUDAD DE MÉXICO

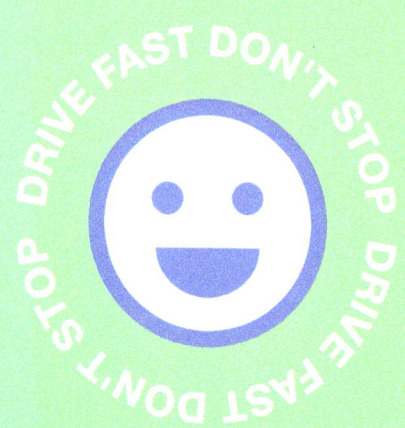

**PHOTOS BY
MATTHEW JOCELYN**

16

www.ingramcontent.com/pod-product-compliance
Lightning Source LLC
Chambersburg PA
CBHW040518220526
45473CB00012B/2906